亲密接触

丝路国家（八）

QINMI JIECHU SILU GUOJIA

丛书主编 / 王义桅

分册主编 / 宋典　明燕

新世界出版社
NEW WORLD PRESS

图书在版编目（CIP）数据

亲密接触丝路国家. 八 / 宋典，明燕分册主编. --北京 : 新世界出版社，2018.2（2021.2重印）
（“一带一路”读本 / 王义桅主编）
ISBN 978-7-5104-6175-0

Ⅰ. ①亲… Ⅱ. ①宋… ②明… Ⅲ. ①“一带一路”－国际合作－青少年读物 Ⅳ. ①F125-49

中国版本图书馆CIP数据核字(2018)第005863号

亲密接触丝路国家（八）

分册主编：宋　典　明　燕
责任编辑：曲衍立
责任印制：王宝根　章莹莹
出版发行：新世界出版社
社　　址：北京西城区百万庄大街24号(100037)
发 行 部：(010)6899 5968　(010)6899 8705（传真）
总 编 室：(010)6899 5424　(010)6832 6679（传真）
网　　址：http://www.nwp.cn
http://www.nwp.com.cn
版 权 部：+8610 6899 6306
版权部电子信箱：nwpcd@sina.com
印　　刷：合肥华云印务有限责任公司
经　　销：新华书店
开　　本：787mm×1092mm 1/16
字　　数：65千字　印　　张：4.5
版　　次：2018年2月第1版　2021年2月第4次印刷
书　　号：ISBN 978-7-5104-6175-0
定　　价：13.50元

我们与收入本书的作品（包括图片、画作）的作者进行了广泛联系，得到了他们的大力支持，对此我们表示衷心感谢。但仍有部分作者未能联系上，烦请作者与我们联系，以便支付稿酬。

前　言

同学们，今天，如果你们去欧洲、非洲的国家旅游，会选择什么样的交通工具呢？

是飞机，是火车，还是豪华游轮？

不管选择哪一种，便捷高效的交通，都将远在天边的国家，变得似乎近在咫尺，也将我们的地球，变成了一个地球村。

但是，你们有没有想过，在古代，陆上丝绸之路上黄沙漫天，马儿和骆驼驮着我们的使者，一步步走向西域；海上丝绸之路上海浪翻滚，水手驾着木质的帆船，乘风破浪，历尽千辛，驶向遥远的彼方。在他们眼里，世界是那么大，路途是那么远。

是什么，让他们勇于踏上征程？他们的行囊里有什么珍贵宝藏？遥远的国度又是何等模样？

是什么，让他们拍手称奇，让他们停下脚步，沉醉在异国他乡？

又是什么，跟随着西去东来者的脚步，在异国他乡留下自己的印记，又或是落地生根，盛开文明之花？

这套书会一一为你解答。

漫漫丝路，孕育的不仅仅是一片片繁荣的乐土，还有“和平合作、开放包容、互学互鉴、互利共赢”的丝路精神。放眼今日，也许曾经喧闹的商路已经变得人迹罕至，也许曾经繁华的市镇已经变了模样，但是丝路精神，依旧长盛不衰，源远流长。它融进了21世纪“一带一路”的建设中，为古代丝绸之路注入新的活力。

假期伊始，我们的小主人公洋洋和丫丫，跟随着博学多识的卡尔叔叔，开启了一段别开生面的丝路之旅。爱好阅读的洋洋，这次不仅要读万卷书，也要行万里路了！对世界充满好奇的丫丫，在沿途又会有什么新的发现呢？

快和我们的主人公一起，去探访丝路上的秘密，看看古代丝路商旅、使者眼中的世界，感受这条千年商路的变迁。在图文并茂的阅读体验中，开阔眼界，增长知识；在“知识链接”的帮助下，排疑解难，加深理解；在“课后思考”的指引下，深入思考，探寻真知。

还等什么，快打开这本书吧！

目录

第一课　风车之国：荷兰

这里有一望无际的平地，有波涛滚滚的海水，有湛蓝广阔的天空；海风轻轻吹拂在脸上，有一种如入仙境的感觉。卡尔叔叔带着孩子们到了哪里呢?

“卡尔叔叔,这里好美啊,风吹得我好舒服。”丫丫抬起自己的小脑袋，感受着海风拂面的感觉，就像被妈妈慈祥的双手抚摸着。

“快看！丫丫，有风车！”洋洋激动地说。

顺着洋洋指的方向望去，只见一排排白色的风车迎着海风缓缓转动，有时像在向远方的客人招手，有时又像即将起飞的大雁，要与这海天融为一体。

“啊，卡尔叔叔，我知道了，这么美丽的地方是荷兰吧！”洋洋激动地说。

“真聪明！”卡尔叔叔竖起大拇指，夸赞道。

“啊，洋洋，你怎么知道这里是荷兰呢？我怎么不知道啊！”丫丫疑惑地摸了摸脑袋。

“哈哈哈，那你就像洋洋一样多看书吧！”卡尔叔叔大笑着说。随后三人继续沉浸在这美妙的风景之中。

知识链接

“风车之国”是荷兰的别称。这里一年四季盛行西风，濒临海洋，海陆风经年不息，这样的自然条件给动力资源贫乏的荷兰提供了风力发电的基础。风车利用自然风力发电，清洁无污染，一直被荷兰人民沿用至今。目前荷兰有两千多架风车，每逢重大节日，风车都会被装饰得非常漂亮，已然成为荷兰的标志之一。荷兰位于欧洲西部，地势低洼，全国近四分之一的国土位于海平面以下，因此荷兰又被称作“低地之国”。

南京瓷塔

“卡尔叔叔，我们为什么要来荷兰呢？英国和法国这样的大国都没有丝绸宝藏的下落，荷兰这么小的国家能发现什么呢？”洋洋似乎还没明白卡尔叔叔的用意。

“洋洋，你还记得特里亚农宫吗？”卡尔叔叔反问道。

“记得啊，它是法国国王路易十四修建的用来珍藏中国瓷器的宫殿。这和荷兰有什么关系呢？”

“特里亚农宫就是仿照中国南京瓷塔的建筑风格而建的，那你有没有想过，为什么路易十四要仿照南京瓷塔的风格呢？”卡尔叔叔继续问道。

“嗨！因为南京瓷塔的风格独特啊！”丫丫插嘴道。“那又是谁将南京瓷塔的建筑风格介绍到欧洲的呢？总不能中国的瓷塔自己跑到欧洲去吧，那时候也没有照相机。”卡尔叔叔在一步步引导孩子们进行思考。

“难道是……”洋洋若有所思，“是荷兰人？”

“没错，就是荷兰人让南京瓷塔风靡欧洲。所以说荷兰人应该比法国人更早接触到中国。”卡尔叔叔总结说。

在荷兰当地的博物馆中，卡尔叔叔和孩子们看到了当时荷兰人画的中国的南京瓷塔。

“画画技术真是高超呢，就像照片一样清晰，难怪会在欧洲引起轰动。”洋洋和丫丫使劲抬头才能把整个图画看清楚。

“我来给你们介绍一下这幅画的来历吧。”博物馆的志愿者主动走上前来说道，“早在1655年，中国清朝时期，荷兰的东印度公司就派使团从今天的印度尼西亚出发，前往中国。使团首先抵达广州，随后北上到达南京，最后再往北来到都城北京。”

南京瓷塔（大报恩寺塔）油画

“据说在使团当中，有一个叫作约翰·尼霍夫的人，他喜爱绘画、诗歌，在这次出使的过程中，他创作了大量的素描画，也留下了珍贵的文字材料。后来根据他的所写所画，荷兰书商出版了《尼霍夫中国游记》，这本书在欧洲引起轰动。在这本书中，让人印象最深刻的就是南京瓷塔。”

随着志愿者的讲述，卡尔叔叔和孩子们似乎回到了300多年前。一天午后，不远万里来到南京大报恩寺的荷兰画家，正站在寺门外，吃惊地甚至有些贪婪地观赏着这座无与伦比的瓷塔。这是中国最著名的工程之一，它高耸入云，有9层近200个台阶，塔檐的檐角都挂有风铃，微风吹来，丁当作响。也许这时候他会想起自己故乡的风车，也在迎风转动，发出美妙的声音吧。

这座巧夺天工的瓷塔不仅建筑精巧，同时还体现了浓厚的中国文化风韵。南京瓷塔对尼霍夫的冲击实在太大，他想要永久地把这座中国古建筑的样貌保留下来，并且介绍给自己的欧洲朋友，于是他回到旅社，拿起画笔，不顾疲倦，头脑中回想着南京瓷塔的精美绝伦，手中一笔一笔将脑海中的景象呈现出来。因此，几百年后，我们才得以通过这幅画作领略中国建筑文化的博大精深。

海上马车夫

一行人沿着河流，走在荷兰的首都阿姆斯特丹的街道上，明媚的阳光洒在缓缓流淌的运河河面，轻舟泛水，惊扰出一圈圈淡淡的涟漪，散向河道两边，在河岸处拍起一个个小小的水花。

阿姆斯特丹

站在河边的丫丫神情专注地望着荡漾的河水。洋洋轻拉着她的衣角，回头看向卡尔叔叔，问道："卡尔叔叔，阿姆斯特丹的河流好长，我们走了这么久，一直有流水陪伴呢！"

卡尔叔叔点点头，说道："阿姆斯特丹与水有着很深的关联，这里河道交织，河网密布，流淌的河水宛如这个城市的血液，流经这个城市的角角落落。"

"大自然真是鬼斧神工，凿出了这么规整的运河，荷兰人真棒！"河道两旁美丽的风景让丫丫不禁感叹。

"这可不是大自然的功劳，这些河流可是荷兰人自己修建的运河，这些运河组成的运河带，至今已有400年历史。现在已发展成为由160多条运河、1281座桥梁构成的75公里长的运河网。"卡尔叔叔一边说着，一边欣赏河边充满荷兰风格的老建筑，"沿着河道发展起来的城市，在市民的保护下，很好地保存了下来，所以现在的市中心基本是荷兰黄金时代的风貌。"

"黄金时代？"丫丫看着鳞次栉比的老房子，心生疑问，"荷兰的黄金时代是怎样一番繁荣景象啊？"

"荷兰的黄金时代可不仅仅是繁荣，它在世界航海史上，都留下了浓墨重彩的一笔。"卡尔叔叔说道。

"航海史？"洋洋突然想到了什么，问道，"我在书上看到过，17世纪的荷兰被称作'海上马车夫'。为什么要这样称呼呢？"

"我们可以看看地图。"卡尔叔叔说着，将欧洲地图递给洋洋和丫丫，"荷兰位于西欧最大的河口三角洲，这个地方向外连接大西洋，向内连接欧洲大地，而停泊在这片三角洲的船只，就是海上的'马车'，来来往往运送货物。生活在这里的人们，有着浓厚的商业意识，新航路开辟后，他们成为驾驭这些'马车'的'车夫'，去世界各地寻找商机。当然，远渡重洋不是说走就能走的，在15—16世纪，荷兰的造船业居世界首位，仅在首都阿姆斯特丹就有上百家造船厂，全国可以同时开工建造几百艘船。依托强大的造船技术，17世纪，荷兰垄断了远洋航运，来来往往的商人，让荷兰成了一个富庶发达的商业国家，迎来了自己的黄金时代。”卡尔叔叔继续说道，“当时，荷兰建立起了荷兰东印度公司，在亚洲约有35个据点。荷兰在1624年占领了我国台湾，直到1662年郑成功收复台湾，才结束了荷兰对我国台湾长达38年之久的殖民统治。”

荷兰代尔夫特青花瓷器

“原来荷兰还对我国台湾做过这样的事情。”丫丫愤愤地说。

“当时中国的丝绸、茶叶和瓷器，都是欧洲市场上的抢手货，荷兰在贩卖这些商品中谋取巨额利益，而且还把咱们制作青花瓷器的技术学走了，在荷兰制作出了代尔夫特瓷器。”卡尔叔叔说道。

荷兰贸易帆船

伴随着卡尔叔叔的讲解，一行人来到了阿姆斯特丹市中心的一个广场上，广场上的一个石碑下。

“我们现在所在的地方，就是阿姆斯特丹的心脏——达姆广场，这里是阿姆斯特丹历史的发祥地，荷兰最有名的广场。”卡尔叔叔说道。

“这座城市是从这里开始建的吗？”丫丫问道。

卡尔叔叔点点头，说道：“达姆是英文单词‘dam’的音译，这个英文单词的意思是‘大坝’，所以这里又被叫作‘水坝广场’。大约在1270年渔夫们在这里筑起大坝，建立起了村落，这就是阿姆斯特丹的雏形。其实阿姆斯特丹的‘丹’也是这个英文单词的音译呢！”卡尔叔叔解释道。

“这真是一座因水而起、因水而兴的城市呢！”丫丫感叹道。

卡尔叔叔和孩子们在荷兰停留了三天，既欣赏了风车之国的自然风光，也感受到“海上马车夫”开辟事业的不易，还对中国和欧洲的联系和交流有了更深刻的认识。然而在西欧已经停留了许久的卡尔叔叔和孩子们，对丝绸宝藏的下落仍然毫无头绪，丝绸宝藏到底是否存在呢？从英伦三岛到欧洲大陆，从法国到荷兰，卡尔叔叔带着孩子们体会文化，探索新知，洋洋和丫丫一路上也学到了很多知识，变得更加勇敢，相信他们一定能找到丝绸宝藏的最终答案。这不，他们一行三人又一次启程了，让我们继续跟随他们的步伐，寻找丝绸宝藏的秘密吧！

课后思考

1 用自己的话说一说，为什么荷兰会被称为“风车之国”？

2 观察《南京瓷塔》这幅画，思考为什么这幅画会在欧洲引起轰动。

第二课　钟表王国：瑞士

汽车飞驰在欧洲大陆的公路上，风车之国已经甩在车后，孩子们仍然在回味荷兰的点点滴滴。

“没想到荷兰这么一个小小的国家，竟然在中国和欧洲的交往过程中起到了如此重要的作用！”丫丫感叹道。

“欧洲的许多国家虽然不大，但是在中国与欧洲的交往中作用非凡，可不能忽视呢！”卡尔叔叔也感慨万千。

“可是，只听说欧洲国家买中国的茶叶、瓷器什么的，我们中国人从欧洲国家获得了什么呢？”洋洋提出了一个问题。

卡尔叔叔指了指洋洋的手臂，笑而不语。洋洋疑惑地望着卡尔叔叔。

这手臂上有什么玄机呢？

日内瓦登城节

日内瓦登城节

没过多久，周边的建筑物渐渐变得密集，车速降了下来，他们到了此行的目的地——瑞士第二大城市日内瓦。

走在日内瓦的大街上，洋洋对手臂上的玄机依旧充满了疑惑。正在这时，一支游行队伍迎面走了过来。他们身穿奇装异服，手持各种乐器，吹吹打打，兴高采烈。卡尔叔叔和两个孩子慢慢地被这股高兴的人流所包围。兴奋的人们看到远到而来的客人，尽管语言不通，还是报以友好的微笑，用歌声来表达对远方客人的欢迎。

两个孩子从人群中挤了出来，脸上都洋溢着开心的笑容，丫丫脸蛋儿上不知道什么时候还抹上了几道油彩，来欧洲这么些天，好久没有这么轻松地玩儿了。

“卡尔叔叔，这里一定在举行什么狂欢节吧。您看这浩浩荡荡的队伍，看起来好像全城的居民都出动了。”丫丫一边说一边左顾右盼，一个奇特的路边摊把小丫头吸引了过去。

卡尔叔叔和洋洋跟过去，看到一个老奶奶推着一辆手推车，上面摆放的碗罐正冒着热气。这些碗罐里面盛的是什么东西呢?

两个孩子凑了上去,深吸一口气,葱香扑鼻,引人食欲。卡尔叔叔定睛一看，原来是洋葱清汤，他一拍双手，恍然大悟：“孩子们，我们果真碰上瑞士人的狂欢节了！”

两个孩子缠着卡尔叔叔给他俩各买了一碗洋葱汤，这汤虽说材料简单，算不上什么高级饮品，但是在这寒冷的冬天，喝上一碗热汤也是一种难得的享受。

“卡尔叔叔，您怎么能通过一碗汤就知道这里发生了什么呢？”洋洋问道。看着孩子们大口大口地喝汤，卡尔叔叔兴致勃勃地讲述着这场狂欢节的由来：“我们今天碰上的是瑞士日内瓦人民举行的一年一度的登城节，设立这个节日是为了纪念日内瓦人民击败法国萨伏伊公爵，捍卫日内瓦独立和主权的一场战斗，迄今已经有四百多年的历史了。在这场战争之前，日内瓦是一个独立的共和国，但一度受制于法国萨伏伊公爵。日内瓦人不堪公爵的欺压，就联合起来赶走了公爵的驻军。公爵不甘心放弃领地，于 1620 年冬天派兵进犯弱小的日内瓦共和国，人们奋起反抗，打响了日内瓦保卫战。后来为了纪念这场保卫战的胜利，日内瓦人每年的 12 月 11 日晚上到 12 月 12 日都会举行声势浩大的登城节。”

“那这洋葱汤也是登城节的一部分？”洋洋指着手中的汤问道。

日内瓦登城节

“哈哈，这就要提到一个叫罗优姆的大妈了。她十分勇敢，也很机智，当敌人爬上城头的时候，她将滚烫的洋葱汤泼向敌人，烫伤了不少敌人。最终众志成城的日内瓦人击溃了前来进犯的法军。直到今天，每到登城节，人们还要煮洋葱汤，以纪念这位勇敢机智的大妈。”卡尔叔叔解释道。

罗优姆大妈和她的汤锅

“原来是这样，刚才那位老奶奶一定也是在纪念罗优姆大妈啦。”丫丫这时候才恍然大悟。

正说着，忽见远处火光通明，身披铠甲、手持兵器的士兵守卫在城墙边，军乐队迈着整齐的步伐，吹吹打打地从街道上走过，鼓声铿锵，让围观的人群仿佛置身于中世纪的战场。卡尔叔叔和孩子们赶紧跑过去围观这场盛大的节日游行。平时保存在博物馆中的手推车、火药枪等都出现在了游行队伍中。最引人瞩目的当是头戴白色风帽，身穿黑色长袍的“罗优姆大妈”。游行队伍绕城一周，来到广场之上，庆祝胜利，人们围着篝火唱歌跳舞。

与当地人一起庆祝后，卡尔叔叔和孩子们回到了旅馆，这时三人都已经筋疲力尽，躺在柔软的床上，洋洋背着小手思考着丝绸宝藏的下落，一旁的丫丫还在回味着登城节的游行，不一会儿都进入了梦乡。

钟表王国

第二天一大早，卡尔叔叔和孩子们就离开了日内瓦，前往下一个目的地。他们乘坐的车子缓缓驶入了一个小镇。这个小镇静谧温馨，房屋整齐，远处山峰上皑皑白雪常年不化，平缓的山坡成了滑雪爱好者的天堂。

夜色下的小镇

“这里是瑞士达沃斯，欧洲海拔最高的小镇。”卡尔叔叔从车里出来，长舒一口气，“这个小镇可是世界闻名啊，这里每年都会召开世界经济论坛年会，每年都有很多国家领导人来这里开会，讨论世界经济发展大事。”听了卡尔叔叔的介绍，孩子们对这里心生敬意。

在路边凉棚休息时，洋洋一直在盯着自己的手臂看，他仍对手臂上的“玄机”念念不忘。

卡尔叔叔见状，说道：“洋洋，你看你的手表反面有什么？”

洋洋摘下手表，翻过来，看到了一行英文小字。

卡尔叔叔接着说道：“这一行字的意思是‘瑞士制造’，你知道全世界哪里制造的手表最好吗？”

洋洋恍然大悟，没错，就是瑞士，瑞士是名副其实的钟表王国！

知识链接

瑞士虽然只是欧洲一个小国，但却是名副其实的钟表大国，是世界公认的“钟表王国”。早在16世纪，瑞士日内瓦就已经出现钟表行业，1800年，世界钟表产量的三分之二来自瑞士，如今瑞士拥有斯沃琪、劳力士等享誉世界的钟表品牌。瑞士每年生产的手表中有95%以上用于出口，手表工业是瑞士出口经济的主要支柱。

钟表

“可是，卡尔叔叔，瑞士这里风景秀美，为什么瑞士人要靠制作钟表生活呢？”丫丫一想到表上的各种精密零件就头疼。

“瑞士虽然景色优美，可是土地非常贫瘠，海拔非常高，很多地方的积雪常年不化，不利于农业生产，所以瑞士人就专心制作钟表啦。瑞士生产的表在世界上可是数一数二的呢。”卡尔叔叔回答道。

“当瑞士手表第一次传入中国的时候，大家一定都非常好奇。”洋洋抬头畅想着。

“是啊，1601年传教士利玛窦来到中国，向当时的明朝万历皇帝进献了一座铁钟。它每小时发声四次，铁钟外面被木柜保护，周边还刻有龙饰，以鹰嘴指示用汉字写成的时间刻字。这座钟表在中国大受欢迎，因为大家都没有见过，一时间成为皇帝和大臣争相议论的东西。”卡尔叔叔说道。

“看来这小小的钟表也是中西方文化和技术交往的见证呢！”洋洋摸摸自己的手表，不禁感叹道。

瑞士国际钟表博物馆

冰川快车

离开山中小镇，卡尔叔叔特意带孩子们坐上了一列特殊的火车。火车刚刚开动，就惹得孩子们惊喜连连，尖叫不止。

"哇！真是太刺激了，外面就是悬崖峭壁，还有雪山！"

火车穿梭在雪山、森林之中，周围是湖光山色，前一秒还是冰川纵横，下一秒就是茂密丛林。

"卡尔叔叔，瑞士的火车怎么这么棒！快给我们讲讲。"丫丫扭头向卡尔叔叔说道，马上又把头扭过去，生怕错过窗外的美妙风景。

"来一趟瑞士，如果不感受一下瑞士的火车就太遗憾啦。瑞士的火车可是天下闻名呢。"卡尔叔叔也情不自禁地拿出手机拍摄窗外的景色，然后继续说道，"勤劳的瑞士人民，在自己的方寸之地，靠着自己的双手，逢山开路、遇水搭桥，硬是在这个以高原和山地为主的'欧洲屋脊'，建造了世界上罕见的质量极高的铁路交通线，瑞士的各大城市和乡村，都以铁路相连，瑞士人民最重要的出行方式就是火车。而我们乘坐的这辆伯尔尼纳快车可是瑞士有名的观光列车呢！"

知识链接

伯尔尼纳快车，指从瑞士库尔到意大利提拉诺的列车，由于途经千变万化的自然环境，是瑞士著名的观光列车之一。伯尔尼纳快车是典型的高山窄轨列车，可以全景天窗看阿尔卑斯山风景，这条线路连接着寒冷的北方和温暖的南方，沿途穿越55座隧道，跨过196座桥梁，海拔高度差有1828米，沿途能观赏冰河、高山湖泊、山林、雪景、牧野，视觉变化极为丰富。

伯尔尼纳快车

一旁的两个孩子恐怕早已听不进去卡尔叔叔的讲述了，因为他们透过窗户看到刚刚到过的小镇竟然就在自己的脚下！列车已经穿过山谷，如同一条白色的巨龙盘绕在阿尔卑斯山间，向远方奔驰。

当卡尔叔叔和孩子们再次乘上汽车的时候，夜幕已经降临，在皑皑白雪的映衬下，达沃斯小镇如同水晶一般晶莹剔透，安卧在山谷之中。

“卡尔叔叔，今晚不休息吗？”两个孩子似乎对小镇还有留恋。

“今晚直接去下一个地方，这个小镇位于瑞士边界，走出山谷，就是另一番天地啦。”说着，卡尔叔叔打开了车载广播，响起了《月光水岸》的旋律，这是瑞士音乐公司班得瑞以夜晚的瑞士山林与天地为主题创作的一首曲子。这首曲子清远悠扬，美妙动听。

课后思考

1 你能向父母或同学讲述日内瓦登城节的来历吗？说一说吧。

2 为什么瑞士能够成为钟表王国？

第三课　欧洲的心脏：奥地利

结束了在瑞士的探险后，卡尔叔叔一行人向着下一个目的地出发了，此时的洋洋和丫丫都已经累得筋疲力尽了。这时，汽车广播里传来了一首忽而悠扬、忽而高亢的曲子。这曲子好似一条河流，时而蜿蜒流淌、波光粼粼，时而欢乐奔腾、浪戏水鸟，在美妙音符的环绕中，一行三人一洗旅途的疲惫。

“嗯，这好听的曲子叫什么名字呢？”丫丫问道。

“是《蓝色多瑙河》，音乐课上老师讲过的嘛。”洋洋笑着说道。

“没错，”卡尔叔叔对着洋洋竖起大拇指，继续说道，“多瑙河可是欧洲一条非常有名的河流，河流两岸的国家一个个都是文明古国，大街两旁的建筑随便一个都有几百岁了呢！”

多瑙河

丫丫高兴地跳了起来："那么我们赶快去多瑙河吧！说不定在这些千年古建筑中藏着丝绸宝藏呢！

音乐之都

"不过，多瑙河沿岸这么多国家，我们第一站要去哪里呢"丫丫问道。

"《蓝色多瑙河》是奥地利的作曲家小约翰·施特劳斯写的，所以不如我们第一站去奥地利吧。"洋洋提议道。

"好主意！"卡尔叔叔赞同道，"别看奥地利这个国家小，它可是被称为'欧洲的心脏'呢，我们就从奥地利出发，探究多瑙河上的秘密吧！"

刚来到奥地利的首都维也纳，卡尔叔叔和孩子们就被优美的音乐声所包围，教堂中，公园里，世界各地的音乐爱好者三五一群，演奏着各式各样的音乐，美妙的音符飘荡在维也纳的上空。

"果然是音乐之都啊！"丫丫不禁感叹道。

"那是当然，奥地利历史上有很多有名的音乐家、作曲家，比如小约翰·施特劳斯、舒伯特、莫扎特、海顿，每一个都是响当当的人物呢。维也纳的金色大厅是世界上著名的音乐圣殿，音乐家们都以在此处演出为荣，我国著名的钢琴家郎朗、李云迪和歌唱家宋祖英都曾在这里演出，让奥地利人感受到了中国文化的魅力。"

维也纳

知识链接

维也纳金色大厅，是维也纳最古老也是最现代化的音乐厅。按照传统，维也纳新年音乐会每年都会在这里举行，并通过电视转播将该大厅金碧辉煌的装饰和无与伦比的音响效果展现在全世界的观众面前。

维也纳金色大厅

卡尔叔叔说着拿出一张奥地利地图：“就连这个国家的形状，都好像一把小提琴呢。”

“真的是哎！奥地利人天生就带着音乐细胞吧！”丫丫开心地说道。

三人边聊边走在维也纳的街道上，身旁是郁郁葱葱的树木，美丽的多瑙河穿城而过。莫扎特、施特劳斯等伟大的音乐家也许就是在这样幽静的环境中，感悟音符的神奇，创造出不朽的音乐作品来的吧。

三个人呼吸着维也纳的新鲜空气，感觉神清气爽，空气中隐隐有咖啡的香味，洋洋和丫丫留意了一下道路两旁的小商店，不禁感叹：“维也纳的咖啡店真是多啊！”

“哈哈，是的，音乐与咖啡总是很配的。在维也纳，有着‘五步一咖啡’的说法，就是说维也纳大街小巷都是咖啡馆。”卡尔叔叔认真地讲解着，洋洋惊叹地点了点头。

丫丫这时候已经等不及了，她跑到一家咖啡店门口，对卡尔叔叔说道：“那我们快点杯咖啡吧！”

“不行，不行。”卡尔叔叔用手做了个制止的姿势，“你们现在还小，是不能喝咖啡的。因为咖啡里面含有咖啡因，有一定的兴奋作用，对小孩子身体不好。”

“好失望，那这趟不白来了？”丫丫嘟起了小嘴巴。

“没关系的，小朋友，我的店里还有很多蛋糕点心，你们可以品尝一下。”一个老爷爷的声音从店内传来，卡尔叔叔和孩子们转头一看，一位和蔼的老爷爷缓步走了过来。

生死签证

“哇！竟然还有中国人！”眼前这位操着一口流利普通话的老人让洋洋和丫丫吃了一惊。

卡尔叔叔邀请老人家坐下，对两个孩子说：“尽管中国和奥地利相隔万里，但是历史上两国很早就有了交往，上个世纪初期就有很多中国人来到了奥地利，近代也有不少奥地利人为了躲避战乱，逃到了遥远的中国。”

“是的，没错，”老爷爷用低沉的嗓音说，“我是随着做生意的父母来到奥地利的，现在生活在奥地利的华人华侨虽然不多，但是和当地人都很融洽地相处着。中国人还是很多奥地利人的救命恩人呢！”

“救命恩人？”洋洋好奇地问。

“那是很久之前的事情了。”老人缓缓说着，“80多年前，德国法西斯势力猖獗，纳粹德国吞并了奥地利，许多犹太人被抓进了集中营。为了逃命，那些没有被抓进集中营的犹太人需要有一张去往外国的签证，但是当时维也纳几十个国家的大使馆都拒绝给犹太人发放签证。这就意味着大批犹太人将不得不面临死亡。这时候中国驻奥地利的总领事叫何凤山。”

何凤山

“何凤山帮助他们了吗？”孩子们追问道。

“那是当然了，否则怎么会是救命恩人呢？何凤山帮助犹太人的事情被纳粹分子知道后，百般阻挠，最后何凤山不得不自掏腰包，转移办公地点，给越来越多的犹太人发放‘生死签证’。”

“这个签证真是太重要了，否则犹太人就会被法西斯分子抓走啊。”丫丫揪心地说道。

“对啊，他发放的签证难以计算，帮助了成千上万的犹太人逃出纳粹德国的魔爪，中国政府的签证被当作‘护身符’，可以说何凤山以一己之力拯救了不计其数的犹太人。不过何凤山的举动并没有被大家知道，直到他去世之后我们才逐渐了解到这位无名英雄的事迹。”老人说完，长叹一声，品了品手中的苦咖啡。

为了表达对何凤山的谢意与敬意，2001 年，以色列政府授予何凤山“国际正义人士”称号，何凤山的名字被刻在犹太人纪念馆的“国际义人园”里。欧洲历史学家指出，何凤山是解救犹太人最多的“义人”。两个孩子知道了何凤山的故事，心中的自豪感油然而生。

告别了老人，卡尔叔叔带着孩子们继续前进。

“下一站去哪儿呢？”洋洋问道。

“前面是一个广场，我们去看看吧，这里虽不如凡尔赛宫那么有名，但却是奥地利历史文化的体现。”卡尔叔叔向前指了指。

美泉宫

知识链接

美泉宫的名字来源于神圣罗马帝国皇帝马蒂亚斯，传说1612年他狩猎至此，饮用此处泉水，清爽甘洌（liè），遂命名此泉为“美泉”，并将这片地区作为其夏季狩猎之地，建造了夏季寝宫。1683年，土耳其人进攻维也纳，将夏季寝宫毁坏。1743年，奥地利女皇玛丽亚·特蕾西亚下令在此营建气势磅礴的美泉宫和巴洛克式花园，总面积2.6万平方米，仅次于法国凡尔赛宫，是欧洲第二大宫殿。

美泉宫

三人经过恢宏的广场，进入到宫殿内部，徜徉在极尽奢华的皇家宫殿内，洋洋和丫丫还有了特别的发现：除了一排排中国特色的瓷器和漆器外，宫殿内有个“瓷器厅”，四壁布满白地描蓝的图案图画，为的就是模仿中国青花瓷器。

“这些不应该是来自中国的吗？”洋洋不禁赞叹道。

卡尔叔叔盯着一件件文物，悠悠说道：“是的，据说这里的中国瓷器数量是在中国本土以外最多的。很多贵族都用中国画和手工艺品作为装饰品。受中国轿子的影响，王室贵族的马车都一改欧洲敞篷式而装饰以中国轿顶式。从这些方面都能看出中国文化在奥地利非常受欢迎啊！”

从宫殿出来，后面是一个大大的花园，每当百花盛开之际，园中各类花朵争奇斗艳，好不美丽。即使到了秋季，满地的黄叶也足以让游客流连忘返。卡尔叔叔和两个孩子漫步在铺满黄叶的林荫道上，仿佛踩在软软的地毯上。

美泉宫的林荫道

说着三人来到花园后面的山上，这里是美泉宫的最高点，有着各式雕塑的凯旋门，可以俯瞰整个美泉宫。眼前是一片开阔的草坪和广场，视线远处是气势磅礴的宫殿，哈布斯堡王朝的气势与华贵穿越几百年的历史扑面而来。视线尽头可以隐隐约约看到奥地利首都维也纳的市区。

美泉宫最高点凯旋门一角

知识链接

哈布斯堡王朝是欧洲历史上最重要的王朝之一，曾统治神圣罗马帝国、西班牙帝国、奥地利帝国、奥匈帝国。王朝是以家族的起源地瑞士境内的哈布斯堡命名的。哈布斯堡意为“财富之堡”。

一行人在山顶极目远眺，在一片色彩艳丽的红砖绿瓦之间，一座高高的塔惹人注目。

“快看啊，卡尔叔叔，那座塔感觉都要顶到天上去了。”丫丫注意到了远处的高塔。

“那可是维也纳的地标性建筑呢，游人的必去之处，已经有八百多年的历史了。”卡尔叔叔说道。

“那我们赶快去欣赏一下这座巨塔吧！”丫丫激动地说道。

聆听上帝之音

卡尔叔叔一行人很快来到了位于市中心的斯特凡广场，进入一座宏伟的教堂，教堂内部宽阔明亮，人头攒动，这时传来一阵歌声，三人定睛一看，原来教堂内正在大合唱，不少游客也驻足观看聆听，空灵的音乐在教堂内环绕飘荡。

知识链接

圣斯特凡大教堂

圣斯特凡大教堂位于维也纳市区斯特凡广场，是维也纳地标性建筑，全世界著名的哥特式教堂。登上南塔343级台阶可以眺望维也纳市景观，北塔有一座重达20吨的大钟，据说这口大钟是维也纳人战胜入侵的土耳其人后，将缴获的枪支等熔化而铸成的。每年新年之夜，成千上万维也纳人聚集在大教堂下，聆听钟声，迎接新年的到来。教堂内部经常举办各种音乐会，大音乐家海顿8岁时就曾参加过这里的少年唱诗班。

继续向前走，气氛渐渐变得阴冷起来，身旁墙壁图画上的人物表情也变得十分狰狞，甚至痛苦。

“这里面安放着哈布斯堡王朝许多王室成员的棺椁。”卡尔叔叔解释道。

“不是吧？好可怕，我们还是别继续往前走了。”丫丫有点害怕了。

“再往前走的话，恐怕丫丫就要吓哭了。”卡尔叔叔半开玩笑地说道。

“为什么呢，卡尔叔叔？教堂这么神圣的地方，会有可怕的东西？”作为男孩子的洋洋胆子更大一些。

“不不不，”卡尔叔叔摇了摇头，“再往里面走你们猜是什么？”

“什么？”两个孩子瞪大了眼睛看着卡尔叔叔。

“遍地的尸骨啊！据说有两万多具呢！”

卡尔叔叔一说完，两个孩子就吓得赶快拽着卡尔叔叔的衣袖往外跑。丫丫边跑还边抱怨：“好好的教堂，为什么非要埋葬这么多尸骨呢？吓死我了。”

“好了好了，我们不要跑啦，我来给你们解释一下你们就不害怕啦。”卡尔叔叔实在跑不动了，气喘吁吁地说道。

“这两万多具尸骨是18世纪维也纳爆发黑死病的死者。为了防止传染，患有黑死病的尸体不能安放到公墓中，当时的教会为了传达上帝的仁慈博爱，就将教堂的地下墓地开放，用来安放这些尸体，让他们死后仍然能够聆听上帝的声音。这不仅不是一个可怕的故事，反而是一段温暖的历史呢。听我讲完，你们还害怕吗？”卡尔叔叔反问洋洋和丫丫。

知识链接

黑死病，人类历史上最严重的瘟疫之一。引起瘟疫的病菌是由藏在黑鼠皮毛内的跳蚤携带来的，这种瘟疫有一个显著的症状，患者的皮肤会因为皮下出血而变黑，而且致死率非常高，故称之为黑死病。这种瘟疫起源于亚洲西南部，约在 1340 年传播到欧洲。这场瘟疫在全世界造成了大约 7500 万人死亡，其中 2500 万人为欧洲人。

“原来如此啊，哎呀，卡尔叔叔您早说嘛，其实我和洋洋根本没那么胆小啦！”丫丫害怕的表情早已烟消云散。

从教堂出来，夜幕已经降临，望着远处若隐若现的宫殿，卡尔叔叔缓缓说道：“其实奥地利哈布斯堡王室就像欧洲的很多王室一样，在那个年代，他们对丝绸之路的东方起点国家非常感兴趣，但是由于交通不畅，他们只能通过丝路上的商人、传教士、汉学家来了解东方。”

“哦，也就是说丝路上的这些人是东西方交流的纽带。”洋洋说道。

“差不多吧，如果说丝绸之路是一条血管的话，那么这些人就是流动的血液，负责运送东西方的文明，使之交融。”卡尔叔叔打了一个比方。

“商人和传教士我们已经在南欧接触过了，汉学家都在哪里呢？我们去找找看。”洋洋将重点放在了汉学家上。

“好的，德国可是拥有着众多汉学家呢，我们下一站就去德国看看吧。”卡尔叔叔提议道。

告别了欧洲心脏奥地利，卡尔叔叔一行人赶往了旅途的下一站——德国，在那里，会有什么有趣的故事发生呢？

课后思考

1 本文介绍了奥地利的美泉宫，和法国的凡尔赛宫相比，你更喜欢哪一个？请说出理由。

2 用自己的话说说，为什么圣斯特凡大教堂的地下墓地会埋葬那么多尸骨？

第四课　阅读民族：德国（一）

德国位于欧洲中部，经济发达，历史悠久。卡尔叔叔和孩子们坐车行驶在德国的公路上，聊着对这个国家的第一印象。

“卡尔叔叔，这是我第一次来德国呢。我发现德国的公路都十分规整，就像用尺子量好的一样。”丫丫趴在窗户上瞧了一会儿外面的景色，转过身对卡尔叔叔说道。

卡尔叔叔这时正坐在座位上闭目养神，还没等他开口，旁边的洋洋也发话了：“而且德国人都特别有礼貌，行为严谨。这和我们之前去意大利遇到的事情大不一样呢。”

“对哦，德国和意大利不是离得很近吗？怎么人们的行为差这么多呢？”丫丫也发现了两个国家的不同。

“毕竟两个国家中间隔了一座阿尔卑斯山嘛。”卡尔叔叔说道，“如果给你们四种水果，苹果、桃子、椰子、香蕉，这不同的水果就代表着不同国家的人的性格，你俩猜猜哪种水果代表德国人的性格。”

丫丫和洋洋你看着我，我看着你，陷入了思考，到底哪种水果可以代表德国人的性格呢？

椰子一样的德国人

卡尔叔叔得意地看着两个孩子眉头紧皱的样子，过了好久谁也没有说话。

“哈哈，不为难你们了。”坐在中间的卡尔叔叔直一直腰板，说道：“告诉你们，是椰子！”

“什么？椰子？德国人怎么会和椰子一样呢？”洋洋和丫丫异口同声地说。

“听我慢慢道来。像法国人啦，意大利人啦，都热情好客，就像桃子一样甜美松软，吃到嘴里十分可口。可是德国人就不一样啦，就像洋洋刚才说的，他们为人严谨，甚至还有点古板，就像这椰子一样，硬邦邦的。”卡尔叔叔分析道。

“好吧，卡尔叔叔说的似乎有道理。那为什么德国人非要做椰子，不做甜美的桃子呢？”丫丫追问道。

“一方水土养一方人咯。”卡尔叔叔把双手背到脑袋后面，慵懒地靠在座背上，“但是世界上很多伟大的科学发现、哲学理论都源自这些德国‘椰子’呢！”

“哈哈哈……”两个孩子又被卡尔叔叔的幽默给逗乐了。

“卡尔叔叔，您能举个例子吗？”洋洋不失时机地提了一个问题，“比如和中国交往方面，我们平时课本上学习到的马可·波罗、利玛窦可都是意大利人呢。”

“嗯，这个问题问得好，不过幸亏我有备而来。”卡尔叔叔依旧靠在座背上，洋洋的这个问题好像没有难倒他。

利玛窦

“在德国，可是有一位比肩利玛窦的伟大汉学家呢！”卡尔叔叔略显神秘地说道。

“比肩利玛窦？”两个孩子有点不相信自己的耳朵。利玛窦对于他们来说已经很熟悉了，历史课上老师讲过，利玛窦是来自意大利的著名传教士和学者，早在明朝时期就来到了中国，他和徐光启等人翻译的《几何原本》等书给中国人带来了许多先进的科学知识和思想，在中西交流史上有着突出的贡献和地位。那么德国有哪位学者有着能够比肩利玛窦的历史地位呢？两个孩子希望卡尔叔叔继续讲下去。

比肩利玛窦

“现在很多人都认为利玛窦是研究中国的第一人，实际上早在17世纪的时候，公认的汉学家可不是利玛窦，而是我所讲的主人公。他一生虽然没有去过中国，但是他曾写过一本名叫《中国图说》的书，成为当时西方人了解中国的一扇窗口。”

“《中国图说》？没听说过。”丫丫似乎不太感兴趣。

“没听过没关系，那你们总听过四大文明古国吧？”卡尔叔叔继续说道。

“啊，这个我知道，是古埃及、古巴比伦、古印度，还有……还有谁来着？”丫丫伸出几个指头想着。

“中国啊！”洋洋在旁边笑着说道。

“哦，对对对，你看我这脑子，怎么忘了算自己的国家啦，哈哈。”丫丫有点不好意思。

“对，就是这四个。”卡尔叔叔继续讲述着故事，“这位伟大的汉学家曾研究东西方文明的联系。他根据利玛窦传回来的信息，对中华文化做了系统研究，认为埃及、印度和中国的文明联系颇深，逐渐形成了日后广为人知的四大文明古国的说法。”

“哎哟！我说卡尔叔叔，您就别卖关子了，赶紧把这位汉学家的名字说出来吧。”丫丫不耐烦地说道。

“嘿嘿嘿，好吧，他的名字就是基歇尔，德意志黑森人。”

基歇尔

“他能在几百年前主动学习了解中国文明，也的确称得上伟大啊。”洋洋说道。

“当然咯，不过基歇尔也存在着自己的历史局限。比如他认为中华文明来源于西方，提出所谓的‘中国文化西来说’，这就不符合历史真实啦。”卡尔叔叔接着说。

“什么是‘中国文化西来说’啊？”丫丫对这一类的名词一直不理解。

知识链接

基歇尔(1602—1680)，欧洲17世纪著名的学者、耶稣会士。他兴趣广泛，知识渊博，1667年出版的《中国图说》是他一生中最有影响的著作之一。《中国图说》的中文全名为《中国宗教、世俗和各种自然、技术奇观及其有价值的实物材料汇编》。此书出版后，在欧洲引起了很大反响，新奇的内容、美丽的插图、百科全书式的介绍，使这本书不仅被当时的欧洲学者所看重，更引起了大批普通欧洲人对中国的兴趣，给欧洲人打开了一扇了解东方的大门。

“意思就是中国的文化来自西方。这种说法在20世纪的中国十分盛行呢。我们的国学大师章太炎先生曾经一度信以为真，他甚至在自己的书中说，汉字创造者仓颉是伊拉克人。”卡尔叔叔解释道。

“什么？仓颉怎么能是伊拉克人呢？”丫丫吃惊地说。

“卡尔叔叔，为什么20世纪初的中国人会对我们自己的文明产生怀疑呢？”洋洋不解地问道。

“还是国家实力啊。20世纪初的中国实在是太贫弱了，任由其他国家侵略欺负，导致我们国家的人们对自己的文明都不自信了，所以有人相信文化来自西方的说法。孩子们，现在中华文化在全世界都受到欢迎和追捧，就是因为现在我们国家实力强大了。”卡尔叔叔说。

“嗯！我们一定要好好学习，把祖国建设得更加强大，让更多人认可、学习我们中国的文化。”洋洋和丫丫坚定地说道。

德国风光——莱茵河

顺治皇帝口中的“玛法”

今天卡尔叔叔和孩子们来到了德国西部莱茵河畔的名城科隆。科隆曾是古罗马要塞，距今已经有两千多年的历史了。科隆风景秀丽，历史悠久，城内随处可见各个年代的教堂，其中屹立在莱茵河畔的科隆大教堂高达157米，是目前世界上最大的双塔教堂。站在科隆大教堂的塔尖上，极目远眺，莱茵河就像一条白色的绸缎缓缓飘过。

德国科隆大教堂

“科隆真是个美丽的城市呢。”丫丫被周围的美景迷住了。

“当然了，科隆的美让众多诗人陶醉其中，甚至有‘没到过科隆等于没到过德国’的说法。”卡尔叔叔边走边欣赏着周围的街景。

科隆教堂广场上人流不息，有滑旱冰的少年，有在地上画画的平民画家，有虔诚的教徒在广场上抬头仰望……似乎每个人都能在科隆找到自己的归宿，不过卡尔叔叔和孩子们一行的目的可不是旅游参观，而是要去一个特别的电影资料馆。

科隆夜景

科隆地跨莱茵河两岸，科隆内城位于西岸，著名的名胜古迹和繁华商业区都位于此，而卡尔叔叔和孩子们的目的地——电影馆则位于城市的郊区，遥远而僻静，这是一个怎样的电影馆呢？

电影馆坐落在一个树木茂盛的丛林旁边，是一栋朴素的二层小楼。馆长是一位年近七旬的老人，精神矍铄，热情而亲切。他按照卡尔叔叔的要求，熟练地打开箱柜，在分门别类的各种抽屉中拿出需要的磁盘，可见他对电影馆资料的熟悉。

卡尔叔叔带着孩子们走入一间放映厅，这是一个小型放映厅，只有零零散散几个座位。卡尔叔叔和孩子们并排坐着，灯光关闭，整个屋子暗了下来，屏幕缓缓亮起。

一名英俊的年轻人从远处走来，目光炯炯有神，正望着远方。镜头拉远，他的面前是一片汪洋大海，他乘坐的船正在蓝色的海洋上快速前进。经过长时间的海上漂泊，这条来自遥远西方的船停靠在中国的码头，船上走下许多面容奇特的异域人士，他们是从欧洲来的传教士，许多中国人用好奇的眼光上下打量着这些容貌、语言都和中国人大不相同的外国人。这其中就有电影开头的那个年轻人。年轻人谦恭有礼，平易近人，他主动学习中国文化，住在传统的中式房屋中，学习说北京官话，很快赢得了中国人民的好感和信任。

年轻人为明王朝的官员介绍了来自西方的天文地理知识，受到了统治者的赏识，在他的参与下，《崇祯历书》编纂完成，然而这本历书未及正式颁行，明朝就灭亡了。明清易代之际，这位痴心于中国文化的年轻人，安然地躲过了明亡清兴的战火，在新的朝廷继续从事天文历法的工作。顺治二年（1645），他将《崇祯历书》删改完善，呈进清廷，清政府根据它的数据编制历书——《时宪历》，颁行天下。此时的年轻人已年过半百，凭借自己良好的学识和品德，得到了清廷统治者的信任，顺治皇帝曾称其为“玛法”，在满语中就是尊敬的老爷爷的意思。这位外国年轻人与顺治皇帝关系密切，甚至在立储这样的重大问题上都有发言权。顺治皇帝临终时就立储问题征求他的意见，他了解天花的传染性后果，便提议要找一位得过天花的皇子来继承皇位，于是便有了后来的康熙皇帝。

卡尔叔叔和洋洋、丫丫沉浸在这个奇妙的历史故事中，似乎随着故事的推进，他们也跟随着主人公的步伐从西方走到东方，从年轻走到年迈，在文明的海洋里穿梭。

“卡尔叔叔，这个电影的主人公是谁呢？”丫丫问道。

“对啊，卡尔叔叔，这个外国人好厉害呢。不远万里来到中国，竟然受到了清朝顺治皇帝的重用。这个人在课本上好像没有出现过，他是谁呀？”洋洋绞尽脑汁也没想出电影里的主人公是谁。

“嘿嘿，你们猜猜吧。”卡尔叔叔神秘地说道。

到底是谁呢？谁能成为顺治皇帝口中的“玛法”呢？丫丫和洋洋陷入了深思之中。

课后思考

1 卡尔叔叔将德国人比作“椰子”，你同意吗？并说说你的理由。

2 列举出你知道的三个德国历史名人。（提示：政治家、音乐家、作家、思想家等皆可）

第五课　阅读民族：德国（二）

卡尔叔叔和孩子们在电影资料馆享受了一下午美妙的时光，他们跟随电影认识了一位不远万里来到中国的德国人，他主动学习中国文化，最终竟然成为清朝统治者顺治皇帝口中的“玛法”。然而两个孩子却不认识这个历史人物，他到底是谁呢？

“卡尔叔叔，您别再卖关子啦。快给我们揭晓答案吧。”丫丫看卡尔叔叔迟迟不揭晓答案，开始发动撒娇攻势。而一旁的洋洋则在努力地思考，但仍没有想到德国有哪位学者可以比肩利玛窦。

“好吧好吧，我告诉你们吧，看把你俩急的。”卡尔叔叔笑哈哈地说着。

“顺治皇帝口中的‘玛法’呢，就是约翰·亚当·沙尔·冯·白尔。”

“什么？！哪有这样的名字呢？”丫丫听了一遍根本没有听懂这个又长又怪的名字。

“卡尔叔叔，您在跟我们开玩笑吧。这个应该是他本来的名字，既然他来过中国，一定有中文名字吧。”洋洋听完很冷静地说道。

“额，真聪明啊，洋洋。”卡尔叔叔看到自己的“诡计”被识破，只好稍稍坐正，慢慢地给孩子们讲这个历史人物的故事。

探访汤若望

“这个德国人给自己取了一个颇具特色的中文名字——汤若望。他在中国生活了将近半个世纪，经历了明清两代。”

“他在中国生活了这么长时间，对我们国家有什么贡献呢，卡尔叔叔？”

“这个问题问得好。虽然你俩都没怎么听说过他，但是几百年前他做的事情直到今天我们都在受益呢。”

“真的吗？我怎么感受不到呢？”丫丫展开双手，瞧了瞧自己。

卡尔叔叔微笑着继续说道：“是什么呢？就是农历历法。我们现在公历和农历都在使用，农历在季节节气方面很准确，农民都是根据农历来规划自己的农业活动。而现行农历就是在汤若望修编的明代农历的基础上编成的，后沿用至今。”

“哇，原来如此，是不是如果没有汤若望，我现在就不知道我的农历生日啦？”丫丫听完之后很惊讶。

“哈哈，当然没那么严重。早在先秦时期我们的祖先就编制了历法，为了让历法更精确，历史上有许许多多的历法工作者为之做出了贡献，汤若望只是其中一个。”卡尔叔叔解释道。

“对了，卡尔叔叔，为什么我们要在科隆看关于汤若望的影片呢？”洋洋问道。

“因为这里是汤若望的故乡啊。说到这，我们没准可以去看看科隆的汤若望故居呢！”

“好的，说走就走，我要看看这个发现农历的人的故居是什么样子的。”丫丫一时来了劲头，刚才卡尔叔叔讲的似乎都没有听进去。

“卡尔叔叔都说过啦，不是汤若望发现的农历。”洋洋一本正经地纠正了丫丫的错误。然而丫丫早已听不进去了，拉着卡尔叔叔和洋洋往车站奔去。

德国发行的汤若望纪念邮票

汤若望的家乡位于德国科隆的一个小镇，这个小镇人口不多，安静祥和，路旁绿树成荫，在一棵树下，卡尔叔叔和孩子们看到了熟悉的面孔。

“呀！这不是汤若望的塑像吗！”虽然这个塑像和电影上看到的不太相同，但是眼尖的丫丫还是一眼就认出来了。这个汤若望塑像整体呈现黄色，长长的白胡须，深陷的大眼窝，一只手拿着圣经，另一只手握着夹在腋下的望远镜，这是典型的欧洲传教士打扮。然而他身上又有着极明显的中国特色：身穿清代官服，头戴清代官帽。最主要的是在塑像底座上用中文写着：汤若望，钦保天学，通玄教师，这表达了中国人对汤若望所做贡献的肯定。

知识链接

“钦保天学，通玄教师”。1638 年，明朝崇祯皇帝赐给汤若望御匾一方，上面亲书“钦保天学”四个大字，以赞扬他在天文历法方面的成就。“通玄教师”则是顺治皇帝赐给汤若望的称号。汤若望作为一个外国传教士，又身处中国王朝变换之际，他用自己的学识和努力，在沟通东西方科学技术、文化等方面做出了巨大的贡献，得到了两代皇帝和人民的肯定。

汤若望塑像

这个小镇几乎很难看到行人，家家户户门前干净整洁，院子中不时探出脑袋来的玫瑰花，将这个小镇点缀得文静又不失活泼。生活在这样的小镇，简直是一种享受。

“如果汤若望没有去中国，他或许就会在这鸟语花香的地方生活一辈子，安心当一个牧师，不过他的名字也不会在中国人的记忆中留下印记。历史上，像他这样为了梦想放弃安逸的生活，而选择未知的远方的人还有很多，正是他们的勇敢与热情，信念与坚持，将相隔遥远的中西方文明联系在一起。”卡尔叔叔略有深意地说道。两个孩子也许还听不太懂，但是他们了解了汤若望的故事，对这个中西文化交流的贡献者从内心深处是非常佩服的。

另类图书馆

回到市区，卡尔叔叔和孩子们一头扎进了德国的图书馆中，寻找他们魂牵梦绕的丝绸宝藏的线索。

为什么卡尔叔叔和孩子们要去图书馆呢？因为德国是一个爱好阅读的国家，德国人口只有 8000 多万，但是全国有 1.4 万多个图书馆，藏书总量超过 1

亿册。德国每个城市甚至每个区都有图书馆供民众阅读，加之德国人天生“椰子”般的性格，他们大量的时间都花在图书馆阅读上，培养出了一大批哲学家、思想家……大量的古今文献收藏在德国的图书馆中，于是卡尔叔叔和孩子们决定去图书馆搜寻一下有关丝绸宝藏的线索。

卡尔叔叔正襟危坐，面前摆放着各类书籍，认真地看着。而一旁的两个孩子却不一样，刚进入到如此庞大的图书馆时，丫丫和洋洋都很兴奋，他俩像小科学家一样搬了一大堆书过来，摞起来比他们的身高都要高了。不过才过了一会儿，两个孩子就困意袭来，哈欠连连。

“啊——”丫丫伸了一个懒腰，懒洋洋地说着，“卡尔叔叔，这么多书什么时候才能看完啊？看书真是太痛苦了。”

平日里爱好学习的洋洋也没遇到过这么多书，他把一本厚厚的书使劲推到一边，趴在桌子上累得说不出话来。

卡尔叔叔一时没来得及理会他们，过了一会儿刚要回答他们，扭头一看：两个小家伙东倒西歪地呼呼大睡起来了。

卡尔叔叔无奈地摇了摇头，眉头一皱，计上心来，自言自语道：“明天我可要治治你们两个小懒虫。”

第二天一大早，卡尔叔叔就带着孩子们上车出发了。

“卡尔叔叔，这么早我们要去哪儿啊？”孩子们还在半睡半醒之间。

“去首都柏林，让你们开开眼界。”卡尔叔叔又开始卖关子了。

当卡尔叔叔带领孩子们到达柏林的图书馆时，孩子们的困意完全消失了，因为这个图书馆和他们之前见到的完全不一样。

“这简直就是个剧场啊！”洋洋吃惊地说道。

“嘿嘿，这个图书馆被称为‘无法打盹的图书馆’呢！”卡尔叔叔得意地说道，“这里采取了台阶式的安排，座位按照剧场座位的方式排列，所以你们看到的阅览室都是一层一层套进的，坐在这样的图书馆里，就像在剧场里一样呢！”

“那为什么这样的图书馆要被称为‘无法打盹’的呢？”洋洋问道。

卡尔叔叔一指墙壁，说：“看那里，和一般的图书馆墙壁有什么不同？”

顺着卡尔叔叔指的方向看过去，洋洋发现这里的墙壁包括屋顶被横线和竖线分割开来，呈现出网格状。

“好像还真不一样，我记得国内图书馆周围大多是宽大的落地窗玻璃。”

无法打盹的图书馆

“聪明的洋洋！”卡尔叔叔表扬道，“这家图书馆的设计师同样注意到了这个问题，以往落地窗形式的图书馆阳光能直接穿透进来，许多读者都在这暖融融的阳光包围下打起盹来。后来设计师在观看一场歌剧的时候，萌发了将图书馆按照剧院的形式设计的想法。”

“这个设计师叔叔也真是大胆呢！为什么按照剧院形式设计读者就不会打盹了呢？”洋洋追问道。

“想象一下，看歌剧的感受，台上的演员和台下的观众有着极强的互动，而图书馆中的‘演员’就是一本本书，‘观众’就是台下的读者，所以按照剧院设计图书馆，会给读者一种参与感和互动感，这样读者就不会再瞌睡了嘛。”卡尔叔叔讲得好像这所图书馆就是自己设计的一样。

了解完这个另类图书馆的设计风格，孩子们再也不会打盹了，他们和卡尔叔叔一起投入到书籍的海洋中，在各种文字中找寻丝绸宝藏的蛛丝马迹。

中国学习者

卡尔叔叔和洋洋抱着一本德国汉学家专著查阅，不时发出啧啧的赞叹声。

“真是没想到，德国人对中国的研究这么仔细，一个民族有这样的好学和研究精神，怪不得出现了那么多优秀的思想家和科学家。这一点很值得我们学习啊。”卡尔叔叔一边翻书一边说道。

“对啊，卡尔叔叔，您看这个叫李希霍芬的人，竟然是他命名了‘丝绸之路’耶！”洋洋感叹道，“真没想到丝绸之路的名字竟然是德国人起的。”

“所以我们还是要多向其他国家学习，学习他们的优秀文明和文化。”卡尔叔叔说，“对了，怎么看不到丫丫了，她去哪里了？”

洋洋向四周看了看，说：“不知道这丫头去哪里了，以前一块儿去图书馆的时候她总是乱跑，从没有安心看过一本书。”

丫丫跑去哪里了呢？

原来丫丫正在一排一排的书柜之间穿梭，这里读者稀少，灯光暗淡，但是小姑娘一点都不害怕，因为她对面前的如山高的书籍很熟悉——几乎全是中文——这里是专门收藏中国书籍的阅览室。

丫丫一边浏览书柜上的标签，一边暗暗思考：“来欧洲这么久了，总是看外国人对中国的研究，那些千奇百怪的文字看着都头疼。丝绸宝藏可是从中国传出去的，没准在中国人的书中会发现线索呢。”突然，丫丫的目光聚集在一本书上，可是封面上的文字歪歪扭扭，实在看不清楚。

“他写的字怎么比我的还难看啊！”丫丫大眼睛一眨一眨的。

“这本书的名字叫《普法战纪》，怎么了小姑娘，这本书似乎并不适合你啊。”一个清朗的声音从身边传来。

知识链接

《普法战纪》，是我国近代著名思想家王韬（1828—1896）于1873年编写的一部书。王韬曾在牛津大学、巴黎大学担任访问学者，他在欧洲见证了铁血宰相俾斯麦率领普鲁士战胜老牌强国法国，统一德意志的历史。为了向中国推荐德国的军事强权，建立强大的国家，王韬编写了这部书。这部书还流传到了日本，极大地改变了日本人的思想，推动了日本向西方学习的脚步。

王韬

丫丫扭头一看，是一个面容清瘦，但是很有精神的男生。

“我是来德国留学的学生，”男生自我介绍道，并把这本书从书架上拿了出来交到丫丫手中，“你要这本书干什么呢？”

“嗯，大哥哥你好，我想了解一下这本书的内容。可是刚看到封面就把我难住了。”丫丫实话实说。

“哈哈，这本书是一百多年前写的，你这么小肯定读不懂啦。”男生很友好，主动向丫丫介绍起这本书的内容，“这本书的作者叫王韬，他是一个先进的思想家，主动学习西方的先进文化，曾经游历过欧洲的英、法等国，回国后就写了这本书。”

“那这本书为什么会放在德国图书馆中呢？他不是只去过英国和法国吗？”

“这里就有一个小知识啦，我给你介绍一下。”男生指着这本书书名的第一个字，“看这里，普法的普指的是普鲁士，而普鲁士就是德国的前身。普鲁士位于今天德国北部，后来发展起来，统一了整个德意志地区，建立了强大的德意志帝国。所以德意志的迅速崛起让当时的中国人非常羡慕，因为那个时候中国太贫弱了。”

“这个我知道，西方列强发动了鸦片战争、第二次鸦片战争来欺负我们。”丫丫严肃地说道。

“没错，就是在这样的内忧外患之下，我们国家很多开明人士主动向西方靠拢，就像王韬这样的，写了不少介绍西方的书籍，《普法战纪》就是其中之一。”留学生哥哥认真地讲解着，也许他正是像丫丫这么大的时候对中国的过去产生了些许朦胧的意识，进而促使他努力学习，最终经过努力来到了异国他乡学习知识，成为一个对国家有用的人。

《普法战纪》

丫丫今天收获颇丰，她了解了《普法战纪》，认识了王韬，知道了德国还有许许多多慕名而来的求学者，这些对她来说都是一种鼓励和动力。虽然没有在王韬的书中找到关于丝绸宝藏的线索，但是她很享受和留学生哥哥聊天的过程，在夕阳的映衬之下，德国这座特殊的图书馆中，不同身份的中国学习者们正在大口地汲取西方文明的营养。

课后思考

1 我们今天熟知的“丝绸之路”的名称，就是由德国地理学家李希霍芬命名的，查找资料，用自己的话讲讲李希霍芬的故事。

2 结合本文并查找资料，向爸爸妈妈介绍一下汤若望。

第六课　中国情结：波兰

波兹南市政厅门口雕像

离开德国，卡尔叔叔和孩子们继续向东，经过边境城市法兰克福，向中欧地区的下一站——波兰进发。从德国进入波兰，卡尔叔叔和孩子们首先进入了波兰大平原。一望无际的原野，湛蓝而开阔的天空，令人心情舒畅。

当卡尔叔叔和孩子们到达波兰西部城市波兹南的时候，天空中下起了小雨，波兹南是波兰的重要古城，但是人口不多，类似于中国的小镇。在市政厅门口，有两只互相抵角的小羊，节日来临，波兹南的市民还为它们穿上华丽的服装，这是一个安静祥和的小城。

波兹南已经有上千年的历史了，其市政厅广场是典型的文艺复兴风格。走在铺满石子的小路上，卡尔叔叔和孩子们闲聊着波兰这个国家的历史与现在。

把我的心脏带回祖国

位于华沙瓦津基公园的肖邦雕像

在波兰小城波兹南度过了一夜，第二天，卡尔叔叔和孩子们收拾行囊，继续向东前行，来到波兰的首都华沙。没做停留，他们直接来到了华沙南部的一个公园。

“卡尔叔叔，为什么我们不先去入住呢，赶了这么远的路哪有力气游览公园啊？”丫丫哈欠连连，对眼前的景物毫无兴趣。

公园被树木环绕，高耸的乔木和低矮的灌木交相呼应。卡尔叔叔和孩子们慢慢走着，清新的空气扑面而来，消除了他们一身的疲惫。而更让孩子们睡意全无的，是矗立在公园入口处的一尊巨大的雕像。

洋洋使劲抬着头才能看清楚雕像的全貌：这是一尊造型奇特的雕像，一个面容俊朗的青年坐在一棵随风飘扬的柳树之下，青年双目紧闭，眉头微皱，似乎在用心灵感知周围的一切。

“这是肖邦，音乐史上的奇才，因为这个塑像，这个公园也被称为‘肖邦公园’。”卡尔叔叔用崇敬的目光看着眼前的塑像。

知识链接

肖邦，波兰19世纪著名的钢琴家和作曲家，7岁开始创作，8岁开始登台演出。他的作品以波兰民间歌舞为基础，被称为“浪漫主义钢琴诗人”。肖邦深受波兰人民爱戴，曾有人这样评价肖邦：“生于华沙，灵魂属于波兰，才华属于世界。”

“肖邦生活的时代，正是他的祖国遭受侵略的时代，他不得不背井离乡，去国外坚持音乐创作。但是他临走的时候带上了祖国的泥土，表明他对祖国的深深依恋。”卡尔叔叔说。

“那后来肖邦回到祖国了吗？”丫丫问道。

“非常遗憾，肖邦在巴黎住了十八年，还是没能亲身返回祖国。后来他生命垂危，弥留之际对着自己的亲人说：‘我死后，请把我的心脏带回祖国，我要长眠在祖国的地下！’”

肖邦的爱国主义精神深深感染了卡尔叔叔和孩子们，他们庄严地向肖邦的雕像敬献了一束鲜花，表达自己的哀思。

徜徉在美丽的公园中，三三两两的人群在享受着美妙的景色，几个孩子互相追逐着从卡尔叔叔身旁跑过。

“其实波兰是一个多灾多难的民族，由于它地理位置重要，又位于欧洲大国之间，历史上经常遭受侵略。所以我们熟知的波兰历史名人，他们都是具有极强爱国主义精神的人。如创立‘日心说’的科学家哥白尼，发现新的化学元素的居里夫人，他们和音乐家肖邦一样，都是值得我们学习的爱国者。”联想到波兰坎坷的历史与如今和平静谧的生活环境，卡尔叔叔不禁有感而发，向两个孩子说道。

“我们一定向他们学习，珍惜现在的和平生活。”两个孩子异口同声地说道。

走着走着，卡尔叔叔和孩子们看到前面人头攒动，还有不少东方人的面孔。前面到底是什么呢？

中国式亭子

卡尔叔叔带着孩子们走过肖邦的雕像，其后面有一条一公里多长的小路。

“喏，这条路就被称为‘中国大道’！”卡尔叔叔指着前方的路说。这条路平坦笔直，两边绿树成荫，是一个漫步游园的好地方。

“至于‘中国大道’的起源，可又是一个漫长的故事呢。”卡尔叔叔说着和孩子们一起踏上这条“中国大道”。

肖邦公园内的“中国大道”

“17世纪末是波兰历史上的辉煌时期。那时候的皇帝叫作索别斯基，他能征善战，开疆拓土。我们在奥地利的时候讲到土耳其人进攻维也纳，索别斯基就曾率领波奥联军，抵抗侵略者。”卡尔叔叔说道，“而且，除了骁勇善战之外，他对中国文化同样有着极强的兴趣，并热衷于收藏中国的瓷器和丝绸。”

“为什么索别斯基皇帝也这么喜欢中国的文化呢？”洋洋问道。

“因为丝绸之路的传播，让西方国家对先进的东方文明都很痴迷。另外这个波兰皇帝对中国的喜爱还跟王后玛利亚有关。玛利亚王后是一名法国人，据说出嫁前就十分热爱中国文化，她的嫁妆中就有中国的丝绸和瓷器。她和索别斯基结婚后，带动自己的丈夫也对中国文化产生了兴趣。”

三人边走边聊，走到一处中国式的亭子边，卡尔叔叔示意孩子们进去坐一会儿。

“在索别斯基的年代，欧洲许多来自中国的瓷器和丝绸都是仿制品，”卡尔叔叔和孩子们坐下来继续说着，“所以索别斯基曾经雄心勃勃地设想过一个计划，要以波兰为起点，途径西伯利亚开拓一条新的丝绸之路。”

“这可真是个大胆的设想，不过历史上好像没有第二条丝绸之路吧。”洋洋说道。

“是的，后来波兰和俄国没有达成协议，开辟新的丝绸之路的设想只能作罢。不过从索别斯基的故事中我们可以看到当时的波兰人对中国和中国文化有多么向往。”卡尔叔叔回答说。

丫丫坐在这个中国式的亭子中有一种奇特的感觉，她问道：“卡尔叔叔，这个中国式的亭子也是索别斯基皇帝修建的吗？”

“不是，是另一个波兰皇帝。”

“噢？那他又是谁呢？波兰的皇帝对中国文化可真是情有独钟啊。”丫丫期待着卡尔叔叔讲述后面的故事。

这是一个小巧精致的中国式亭子，造型华丽，木材高贵，在异国他乡散发出浓郁的中华气息。洋洋和丫丫坐在这样的亭子中，仿佛已经回到了祖国。一旁的卡尔叔叔在讲述这个中国式亭子的历史渊源。

瓦津基公园内的中国式亭子

“这座亭子是建造给波兰末代国王奥古斯特的表妹——伊莎贝拉夫人的。”

“这么说，这位末代国王和他的表妹都是‘中国迷’咯？”丫丫像一个小历史学家一样说道。

“没错，尽管在奥古斯特时代，波兰已经不复往日的荣光，开始走向衰败。但是波兰皇帝对中国文化的兴趣没有丝毫减弱，他把我们所在的这个公园定为他的夏季行宫，聘请了当时知名的建筑师、雕塑家和画家将这里修建得富丽堂皇。”

洋洋抚摸着身旁精美的木柱说道：“这么华丽的中国式亭子就是那个时候修建的吧？”

“嗨，这都是毛毛雨啦，和当时的盛景比起来，这个小亭子简直就是小意思。当时修建这个亭子只不过是为了让奥古斯特的表妹伊莎贝拉夫人能在这里歇脚饮茶。据历史记载，在我们刚才走过的‘中国大道’上，奥古斯特皇帝修建了两座石木结构的‘中国桥’和一座木质结构的‘中国门楼’。很不幸，后来这些建筑都被损毁了。”

“卡尔叔叔，您是怎么知道的呢？”丫丫问道。

“因为我曾经去过俄罗斯，在圣彼得堡的博物馆里看到过一幅油画，它生动地反映了当时瓦津基公园的华丽场面。而随着岁月变迁，如今我们只能通过欣赏这个小亭子来想象当时的景象了。”卡尔叔叔回答道，当年在博物馆参观时的情景历历在目。

“看来，波兰这个国家自古以来就有浓厚的中国情结呢，真是个有意思的国家。”洋洋听完卡尔叔叔的讲述后说道。

“没错，所以随着‘一带一路’的开展，我们国家和波兰的联系也更加紧密了，而且波兰正在筹划重新修建体现两国交往的‘中国大道’和‘中国桥’。等下次我们再来波兰的时候，一定能看到更多体现中国文化的元素。”卡尔叔叔对未来充满了期待。

由于历史的变迁，目前存留在波兰瓦津基公园中的中国符号已经非常少了，随后卡尔叔叔和孩子们又参观了周边的博物馆，还是没有发现丝绸宝藏。不过他们获得了一个重要的线索，所以接下来他们将继续前进，寻找丝绸宝藏的下落。

琥珀之路

伴着暮色，卡尔叔叔和孩子们来到了波兰的另一座城市。清澈的河流从城市中心缓缓穿过，蜿蜒着流向远方的大海，这座城市宁静而美丽，就像温柔的母亲一样等待着乘风破浪的孩子们归来。

这里是格但斯克。

"这座城市是全世界最大的琥珀集散地，格但斯克有一个成立于15世纪的琥珀行会，直到今天仍然十分活跃。这里生产的琥珀品色俱佳，享誉世界，所以有着'琥珀之都'的美称。"卡尔叔叔站在船头向孩子们介绍着。

格但斯克

洋洋和丫丫坐在船上，一边听着卡尔叔叔的介绍，一边饶有兴致地欣赏着两岸的风光。

"果然是琥珀之都呢，我已经看见六家卖琥珀的商店了呢。"洋洋赞叹道。

"是的是的，我已经数到第七家啦。"丫丫兴奋地说道

原来两个孩子各看一边，正在数着河流两岸的琥珀店。

"卡尔叔叔，格但斯克生产这么多的琥珀做什么用呢？真的会有人来买琥珀吗？"丫丫看到这么多卖琥珀的商店，十分不理解。

"琥珀呢，最早生产于北欧，比如波兰、挪威和瑞典等国家，在欧洲人看来，琥珀圆滑温润，光泽艳丽，而且有着很强的象征意义。有人说琥珀是太阳的碎片，

有人说琥珀是海的女儿的眼泪、海底王子的宝物，总之琥珀非常神秘，可以带给人幸运和幸福，所以欧洲人都把琥珀视作宝物，皇室贵族都以获得一块品质上乘的琥珀为荣。慢慢地就萌发了北欧与南欧之间的琥珀贸易，格但斯克也发展成为琥珀交易的中心城市，早在700多年前，格但斯克就已经发展成为人口超过一万的城镇了。”卡尔叔叔解释道。

知识链接

琥珀实际上是几千万年前古老植物分泌的树脂或者树胶形成的，也就是一种特殊的植物化石。琥珀主要呈现片状或者块状，有的透明，有的不透明或者半透明。有的琥珀中会有小昆虫或者小植物，这样的琥珀既有很强的艺术收藏价值，同时也是古生物研究的良好标本。一万年前左右，人类就开始使用琥珀做成装饰品，自古以来欧洲人都将琥珀视若珍宝，催生了“琥珀之路”的形成，增强了欧洲内部之间的交流。

琥珀

“这欧洲人真是有意思啊，看到中国的丝绸和瓷器喜欢得不得了，看到北欧的琥珀也喜欢得不得了。”丫丫笑呵呵地说道。

“对了，卡尔叔叔，既然有买卖中国货物的‘丝绸之路’，那么欧洲人这么喜爱琥珀，会不会也有一条‘琥珀之路’呢？”热爱思考的洋洋大胆地猜测，眼睛里闪烁着激动的目光。

“没错，的确有这么一条‘琥珀之路’！”

“真的吗？真的叫作‘琥珀之路’？！”两个孩子难以置信。

“在长期的琥珀贸易中，在欧洲逐渐形成了一条进行琥珀贸易的商路，就是琥珀之路啦。当然有很多不同的路线，但是大体上都是从位于北欧的斯堪的纳维亚半岛和波罗的海出发南下，一条向东经过今天的乌克兰到达黑海，一条向南跨过多瑙河和阿尔卑斯山，一直延伸到意大利乃至北非。其中第一条线路和来自东方的‘丝绸之路’不期而遇，碰撞出绚丽的火花。”卡尔叔叔激动

阿尔卑斯山

地说道。

“原来琥珀之路和丝绸之路还有这样的渊源啊。”丫丫真是开了眼界。

一旁的洋洋更加激动了，从他猜到“琥珀之路”的名字开始他就发现这条商路可以将丝绸之路在欧洲内部延续下去，失传已久的丝绸宝藏没准就在这条琥珀之路上呢！

“卡尔叔叔，那我们是不是可以沿着琥珀之路去寻找丝绸宝藏呢？”洋洋迫不及待地问道。

“这个……”听到洋洋这样问，卡尔叔叔犹豫了片刻，他坐在甲板的座椅上，目视远方，“这可不是个容易回答的问题啊。”

课后思考

1 谈一谈你欣赏瓦津基公园的肖邦雕像之后的感受。

2 波兰的“丝绸之路”最终形成了没有？为什么？

第七课　南下大门：波罗的海三国

变化的琥珀之路

看到卡尔叔叔突然犹豫起来，洋洋和丫丫都赶紧凑了过来。

“怎么了，卡尔叔叔？洋洋分析得多好啊，既然琥珀之路和丝绸之路交汇在一起，那么丝绸宝藏很有可能就藏在琥珀之路上或经琥珀之路运到了其他地方，我们正好沿着这条路去寻找。”虽然经常和洋洋拌嘴，但是丫丫这次非常支持洋洋。

“洋洋分析得很有道理，但是你们知道吗？琥珀之路和我们的丝绸之路可不一样，我们的丝绸之路自古以来就是一条友好交往、互通有无的文明之路，而琥珀之路呢，开辟伊始，就充满了暴力和杀戮。”卡尔叔叔冷冷地说道。

河面上突然吹起一阵凉风，夹杂着海面上的湿气，冻得洋洋和丫丫瑟瑟发抖。卡尔叔叔见状，忙把两个孩子搂在怀中，说道：“我要讲的是一个古罗马的暴君，他叫尼禄，是历史上非常著名的暴君。他热衷奢侈，荒淫残暴，把不

服从管教的人打伤打残，扔进下水道里。他还公然抢劫商店，把得到的钱财挥霍一空。沉迷奢侈享受的尼禄对来自北方的琥珀非常感兴趣，可是那时候的人们还不知道波罗的海的存在，只知道琥珀来自北方的一条大河。于是尼禄就派一名军官翻越白雪皑皑的阿尔卑斯山，渡过多瑙河，来到了一片不毛之地，就是今天的波兰。这就是早期开辟琥珀之路的尝试。"

"那为什么说沿着琥珀之路去寻找丝绸宝藏的下落是一件不容易的事呢？"洋洋问道。

卡尔叔叔皱着眉头说道："琥珀商人需要安全的路线运输货物，但是由于战争，这条路线曾多次变化迁徙，正是这种不确定性，给我们带来了困难。"

两个孩子都失落地叹了口气。

"啊！也不是没有办法！"卡尔叔叔突然想到了什么，说道，"欧洲河流众多、河网密布、四通八达，河流沿岸又坐落着很多繁华的市镇，这些市镇的驿站为琥珀商人提供了安全的过夜场所，所以说虽然琥珀之路多次发生变化，但河流始终是商人们最天然和便捷的选择。"

"不如我们就沿着河流找吧，不过，我们应该先去哪条河呢？"洋洋疑惑地说。

"我们先去波罗的海沿岸吧。"卡尔叔叔说道，"这里盛产琥珀，是欧洲琥珀最多的地方，沿岸居民把琥珀称为'海上漂流物'。而且欧洲的很多河流汇入波罗的海，我们可以沿着入海口溯流而上，继续我们的探寻。"

女神的眼泪

波罗的海东岸三国土地肥沃，交通位置十分重要，被称为"北欧人南下的大门"。这三个国家从北到南，一字排开，其首都都是联合国教科文组织认定的世界文化遗产，风格不同，各具特色。卡尔叔叔和孩子们的寻宝之旅又开始了。

"波罗的海东岸这三个国家很小很精致，我们一天逛一个，三天就可以逛完了。"卡尔叔叔看着地图，信心满满。

首先他们来到了"琥珀之国"立陶宛。全球 90% 的琥珀产在立陶宛附近，特别是在沿海地区，琥珀有时候会被海浪吹到岸边，散落在沙滩上。因此在立陶宛城区中，琥珀及其相关制品的商场店铺随处可见，琥珀简直就是立陶宛的名片。第二天一大早，卡尔叔叔和孩子们按照地图的指引，去往立陶宛的琥珀博物馆寻找线索。然而不幸的是，他们似乎迷路了。

卡尔叔叔靠着蹩脚的立陶宛语言向路人和路边小店的店员询问着，仍然找不到博物馆的具体位置，他们在市内像无头苍蝇一样。终于在一位邮递员的指引下他们来到了博物馆门前。

“卡尔叔叔，这完全不像博物馆啊。”洋洋眨着眼睛，瞧着面前这扇其貌不扬、十分破旧的门，猜测着门后的景象。

立陶宛的琥珀博物馆

“按理说，琥珀在立陶宛十分盛行，琥珀博物馆应该很受欢迎才对啊，怎么会这么冷清呢？”卡尔叔叔也有点怀疑。

“难道我们又走错路了？”丫丫自言自语道。

“不管它了，我们先进去再说。”卡尔叔叔下定决心走上前去，丫丫和洋洋跟在后面。

推开门进入到室内，仍是一派萧条景象，柜台上落着厚厚一层灰尘，几个打包好的箱子散落在屋子的角落，这里看起来好久都没有人来过了。卡尔叔叔环视一周，本以为要失望而归的时候，突然发现屋子的一角有隐隐的光，再走近些还能听到些许嘈杂的声音。

原来这里有一个通往地下室的通道。

“地面上都没人，地下室里能有什么呢？”卡尔叔叔嘀咕道。但是好奇心还是促使他和孩子们沿着楼梯走了下去。

立陶宛琥珀博物馆藏品

果然是别有洞天，走到地下室，卡尔叔叔和孩子们被眼前的景象惊呆了。地下室是一个规模十分庞大的琥珀展览室，各种各样、千奇百怪、大大小小的琥珀错落有致地安放在不同的展柜里，这里的琥珀数量恐怕比世界上其他任何一家博物馆都要多。

“果然是琥珀博物馆啊。”洋洋和丫丫忍不住赞叹道。

看到外来的客人十分惊讶，一个博物馆的工作人员赶紧上前来招待。“欢迎你们来到琥珀博物馆，在这里你们将看到令人难忘的珍贵琥珀。”她是一个富有活力的中年女子，用和蔼但很响亮的声音说道。

“接下来让我来给你们介绍我们博物馆的琥珀吧。”中年妇女示意卡尔叔叔和孩子们走到一个展柜前，“琥珀自古以来被看作是吉祥之物，象征着快乐和长寿。几千年前的埃及法老金字塔中就发现了来自波罗的海的琥珀。”

他们来到一幅展示琥珀在欧洲的传播路线的地图前，女子继续说道：“著名的琥珀之路开辟之后，当时的希腊和罗马等欧洲南部国家对北方的琥珀都非常喜爱，因此把立陶宛的琥珀称为‘北部的黄金’，据说一小块色彩稀有的琥珀比一个年轻力壮的奴隶价格都要高呢。”

接下来他们看到一幅油画，画面上展现的是波罗的海海边打鱼为生的渔民生活的情景。“立陶宛人可看不上什么黄金，在我们眼中，琥珀就是‘女神的眼泪’。传说女神爱上了波罗的海海边的一个渔夫，他们幸福地生活在琥珀宫里。后来雷神发现女神爱上了一个凡夫俗子，非常生气，就把琥珀宫给击碎了，并杀死了渔夫。女神伤心欲绝，天天以泪洗面，翻滚的海浪把女神的眼泪带到了岸边，就变成了一颗颗晶莹剔透的琥珀。”女子动情地讲述着女神的故事，好像立陶宛人对这个传说都深信不疑。

立陶宛人对琥珀情有独钟，各种琥珀在博物馆里都得到了精心保护。“接下来，我的朋友们，就尽情地去欣赏各种琥珀吧。如果对琥珀感兴趣，还可以去街区拐角处的琥珀一条街买些工艺品作纪念。我们这里的琥珀都货真价实哟，绝对没有假货。”说到这里，中年妇女特意提高嗓音，神情颇为自豪。

“不过，为什么这家博物馆的外观显得很冷清呢？”卡尔叔叔感到不解。

“哈哈，因为自从琥珀一条街开业以后，大量的游客都去那里淘宝贝去啦，博物馆本来就是安静欣赏的地方，渐渐就变得冷清了。而且琥珀的保存条件比较复杂，太过于热闹反而不利于琥珀长久保存。所以现在这样也挺好。”女子对博物馆的现状似乎非常满意。

“原来如此，我们今天算是歪打正着，欣赏到了这么多的琥珀。”洋洋对今天的参观活动非常满意。

从博物馆走出来，他们来到了琥珀一条街，几十家大大小小的琥珀商店连成一片，店内外人头攒动，柜台中的琥珀项链、戒指、胸针和摆件等商品，闪烁着耀眼的光芒，迎接着来自四面八方的游客。

屋顶上的风信鸡

第二天卡尔叔叔和孩子们来到了拉脱维亚，眼前的景象引起了孩子们的兴趣。

“卡尔叔叔，那是什么啊？”丫丫突然在一个红瓦屋顶上发现了几个奇怪的东西。

洋洋推了推自己的眼镜，望着那些闪闪发光的东西，说道：“好像是一种鸟啊。”

拉脱维亚的首都里加的老城区房屋矮小，街道狭窄，家家户户的屋顶几乎都是红色的，在屋顶上都有一个闪闪发光的、制作成动物形状的金属片。

“这是公鸡，不是什么鸟啦，确切地讲应该叫风信鸡。”卡尔叔叔喝着饮料，头都没有抬，似乎他对这种东西已经非常熟悉了。

知识链接

风信鸡。过去居民将风信鸡视作辟邪之物，后来人们把鸡身两侧分别涂上金色和黑色，以辨别风向。屋顶上的风信鸡就是一种风向标，和现代社会中用箭头指示风向类似，所以风信鸡也被称为“风向鸡”。

风信鸡

“这屋顶上的风信鸡有什么用呢？”丫丫问道。

“生活在700多年前的拉脱维亚人相信，风信鸡能够带来幸运，驱走魔鬼。因为每天黑暗都会在鸡鸣声中褪去，光明随之而来，所以家家户户都在屋顶上放一只金属做的公鸡，祈求平安。”卡尔叔叔说，“现在家家户户屋顶上的风信鸡已经成为里加当地的一道别样的风景了。”

走在里加的老城区中，卡尔叔叔和孩子们还在里加民居上发现了黑猫、小狗等动物造型，每一个造型都有一段历史传说和故事，让卡尔叔叔和孩子们这样的外来客流连忘返。他们还在城内发现了一座历史悠久的城门，现在已经变成了各种商贩的聚集地，各式琥珀在这里展出，卡尔叔叔和孩子们领略完里加的风光，继续寻找着丝绸宝藏的下落。

名副其实的“塔林”

第三天，卡尔叔叔和孩子们来到了波罗的海地区的第三站——爱沙尼亚的首都塔林，这是一个建在小山头上、童话般精致的小城。塔林是波罗的海的重要港口和交通枢纽。卡尔叔叔和孩子们穿梭于老城区铺满鹅卵石的街道之间。

“孩子们快看，‘塔林’的名字真是名副其实啊。”

顺着卡尔叔叔指的方向看去，塔林市内教堂林立，塔尖直插云霄，真是一座座塔尖组成的“森林”。

塔林市内教堂

在塔林市区，卡尔叔叔和孩子们发现了很多琥珀之路的痕迹，沿途有许多15世纪的房屋，这些是中世纪的商人和贵族的宅第，周围还有一些商会和博物馆。

走出塔林市区，洋洋仍然对丝绸宝藏念念不忘，他说道：“卡尔叔叔，在波罗的海三国虽然看了不少精美的琥珀，但是还是没有丝绸宝藏的线索啊！”

“洋洋别气馁。说到琥珀，还有一个神奇的历史之谜呢。”卡尔叔叔神秘地说道。

这个历史之谜是什么？卡尔叔叔和孩子们会凭借这个历史之谜寻找到丝绸宝藏的下落吗？

课后思考

1 波罗的海地区有着世界上最丰富的琥珀，查看地图，说出位于波罗的海沿岸的国家都有哪些。

2 在立陶宛，琥珀为什么被称为“女神的眼泪”？

3 风信鸡曾被当作测定风向的仪器，同时也用来比喻一些见风使舵、善于钻营投机的人。根据下面这首小诗，谈一谈你对“风信鸡”这样的人的看法。

“厚厚脸皮，尖尖脑袋，软软腰肢，弯弯膝盖，善观气象随风摆，胜似风信鸡，灵过天文台。”——《诗刊》，1978年第4期

第八课　北国风光：瑞典

波罗的海深蓝色的海水浸润着北欧诸国的土地，不像大西洋的波浪滔滔，怀抱在欧洲内部的波罗的海是温柔而多情的，几千年来滋养着北欧人。无论是琥珀之路还是丝绸之路上的商人都曾来到这里，寻找宝藏，互通有无，历史迎来送往了一批又一批过客。

今天波罗的海沿岸又迎来了一批新的客人，与过去丝绸之路上的客人类似，他们身穿东方服饰，黄皮肤黑眼睛，在白皙高大的北欧人面前显得格外突出。

北方威尼斯

卡尔叔叔和两个孩子一路寻找丝绸宝藏，跨过波罗的海，来到了瑞典。现在他们正沐浴着阳光，走在瑞典首都斯德哥尔摩的大街上，洋洋和丫丫的目光被路旁五颜六色的建筑物和潺潺的流水吸引着。

“瑞典人真是有生活情趣，卡尔叔叔你快看，这家把自己家的墙涂成了粉红色。”丫丫指着远处的一幢房屋，粉红色的外墙在一片五彩缤纷的建筑物中显得十分和谐，毫不突兀。

“你们知道为什么瑞典人要这么做吗？”卡尔叔叔卖起了关子。

“是因为北欧太冷，人们需要用各种颜色来保暖吗？”

“不对不对，一定是因为这里盛产艺术家，他们把自己家的墙壁当作了画板。”

两个孩子七嘴八舌地讨论着，卡尔叔叔在一旁笑而不语。走着走着，他领着两个孩子上了一条船，向河对面驶去。

“瑞典首都斯德哥尔摩包括14个小岛屿和1个半岛，人们穿行其间需要借助70余座大小不一的桥梁或者小船。所以有人把这里称作‘北方威尼斯’。”坐在船上，卡尔叔叔一边欣赏着周边的美景，一边说道。

“卡尔叔叔你还没告诉我们为什么斯德哥尔摩的建筑物都是五颜六色的呢！”洋洋问道。

“你们要从瑞典的地理位置来思考啊，瑞典位于欧洲北部，靠近北极圈，由于地球是斜着围绕太阳转动的，所以这里夏秋两季白天非常长，几乎看不到完全的夜晚。这样的昼长夜短的情况让瑞典人‘十分头疼’，于是他们就设计出五颜六色的墙来调节单调的日子，让自己的生活更丰富多彩一些嘛。”卡尔叔叔认真地讲解着。

“原来是这样！没想到这高高大大的瑞典人还挺懂得享受生活的。”丫丫感叹道。

“你还没见识到瑞典人如何享受生活呢！”卡尔叔叔哈哈大笑，带着孩子们进入一个洞穴。地上美丽，地下同样是别样的世界，斯德哥尔摩的地铁举世闻名。

卡尔叔叔带着孩子们来到瑞典的地铁站，真是让人大开眼界。这里每一站都有自己的特色，而且根据地下的自然环境进行建造，毫无违和之感。这一站是奇幻森林般神秘静谧；下一站是现代都市般热闹非凡；再下一站变成了水帘宝洞般别有洞天……

斯德哥尔摩的地铁站

扶着扶手而下，卡尔叔叔介绍说：“这里好多都是未经装饰的岩石结构，加上瑞典艺术家巧夺天工的设计，乘坐地铁就像进入了另一个世界。”

孩子们已经跑到了站台中央，这一站的顶部是一个巨大的蓝色岩石洞窟，铺满了巨型的蓝色树叶，加上特殊的照明效果，卡尔叔叔和孩子们仿佛置身于原始洞穴之中。

“这里简直就是一个水族馆。”

“我觉得更像一个艺术馆，每一站都是一个特点鲜明的艺术馆。”

“这也只有创意无限的瑞典人可以做得出来了。在20世纪瑞典人修建地铁的时候，发现了许多原始洞穴，他们当机立断，邀请了众多艺术家，在每一站打造了风格独特的地铁艺廊，现在瑞典地铁已经成了一个著名的旅游景点了。”卡尔叔叔说道。

欣赏完巧夺天工的地铁站，卡尔叔叔和孩子们出来的时候外面仍然是一片白昼。地铁口有许多咖啡馆，瑞典人惬意地享受着北欧国家特有的日照。

诺贝尔奖

走出地铁口，前面是一片海湾，海风扑面而来，吹得人们脸上痒痒的。旁边是一座古朴典雅的建筑，深红色的外表衬托出历史的底蕴，周边有很多慕名而来的游客在拍照留念。

“卡尔叔叔，这座房子有什么特别之处吗？为什么大家都在和它合影呢？”洋洋问道。

“这是斯德哥尔摩的市政厅啊，是城市形象的代表。据说这座建筑的所有红砖都是人工烧造的，非常讲究。瑞典王室的许多活动都会在这里举行，能在

斯德哥尔摩的市政厅

这里面参加活动简直是一辈子的幸运。”卡尔叔叔回答道。

“看来我们永远也不可能进去了。”丫丫失望地说道。

“那可不一定哟。如果你们努力，完全可以成为瑞典国王的座上宾。每年的诺贝尔奖宴会就在市政厅内举行。2012 年 10 月，我国著名作家莫言就在这里成为历史上第一位获得诺贝尔奖的中国籍作家。”卡尔叔叔激动地说道。

“莫言先生真是太给中国人争气了！”丫丫开心地竖起了大拇指。

“不只有莫言先生呢。”卡尔叔叔补充道，“诺贝尔奖还奖励那些为人类健康和发展做出贡献的科学家们。2015 年 10 月，我国科学家屠呦呦获得诺贝尔生理学或医学奖，理由是她发现了青蒿素，这种药品可以有效降低疟疾患者的死亡率。她成为首获科学类诺贝尔奖的中国人。”

“屠呦呦和莫言都是我们学习的榜样。”洋洋回答道。

“没错，你们应该从小就向莫言先生和屠呦呦女士学习，争取为我们国家再拿诺贝尔奖。诺贝尔奖可是享誉全球的奖项，只有对人类有过重大贡献的人才能获此殊荣，比如南非领袖纳尔逊•曼德拉、著名文学家加西亚•马尔克斯等。”卡尔叔叔说，“每年 10 月份开始，全世界的目光都会聚焦在这里，等候新一届的诺贝尔奖项公布。对于获奖者而言，演讲、会议、招待会等活动将会陆续进行，他们将会成为全世界的焦点。”

知识链接

阿尔弗雷德・诺贝尔

诺贝尔奖来源于瑞典人阿尔弗雷德・诺贝尔。他是一名化学家，同时又是工程师、发明家及企业家。诺贝尔一生致力于炸药研究，他的发明包括爆破雷管、炸药和无烟火药。1881年完工的瑞士阿尔卑斯山圣哥特哈德隧道在施工中首次大规模使用了炸药，诺贝尔也因此名扬世界。

诺贝尔一生拥有355项专利发明，并在20个国家开设了约100家公司和工厂，积累了巨额财富。1895年，诺贝尔立遗嘱将其遗产的大部分作为基金，将每年所得利息分为5份，作为诺贝尔奖——物理学奖、化学奖、生理学或医学奖、文学奖、和平奖的奖金，1969年瑞典银行增设经济学奖，授予世界各国在这些领域对人类做出重大贡献的人。

远望这座被红砖包围的市政厅，不禁让人肃然起敬。深红色的市政厅外墙倒映在湖面上，在碧海蓝天的映衬下更加鲜艳夺目。市政厅高高耸起的灯塔，就像航行中的指明灯，吸引着一代又一代科学家、文学家为了人类的发展与进步而不断奋斗，也感染着来自世界各地的人们。

复活哥德堡号

“卡尔叔叔，我们在瑞典似乎一无所获啊，瑞典人太有艺术细胞了，他们把洞穴都能改造成地铁站。看来他们是不会对丝绸宝藏感兴趣的。”从离开斯德哥尔摩开始，丫丫和洋洋就开始和卡尔叔叔抱怨。

“别看瑞典人生活得这么悠闲，他们也曾经是我们中国人的‘粉丝’呢。”卡尔叔叔得意地说。

“不会吧，我来这一趟已经成了瑞典人的粉丝了，他们会喜欢我们什么呢？”丫丫追问道。

“去了你们就知道啦，咱们一起去探寻一个尘封的历史秘密吧。”卡尔叔叔双手一背，悠闲地回答道。

瑞典交通便捷，从东部的首都斯德哥尔摩很快就到了西部的全国第二大城市哥德堡。卡尔叔叔和孩子们下车，眼前依旧有着浓浓的瑞典特色，大海、港口、五颜六色的建筑物。卡尔叔叔带孩子们来这里做什么呢？

正当孩子们迷惑不解的时候，卡尔叔叔拿出一张照片：照片的背景就是他们现在所站的港口，岸上人山人海，欢呼雀跃，人群的目光都集中在不远的海面上，一艘巨大的船昂首挺胸，扬帆起航，周围跟着众多小船。这艘大船足足有50多米长，却采用了木质帆船结构，船上的水手意气风发，挥手跟岸上的人们告别。

哥德堡号仿古船

“这是2003年重造的哥德堡号。哥德堡号是18世纪瑞典人建造的一艘超级巨船，船上有140名船员，

30门大炮，在当时是当之无愧的巨无霸。这艘船不远万里，从我国广州出发，载满了茶叶、瓷器、丝绸等中国商品，足足有700吨！”

“那说不定丝绸宝藏就在这艘船上，不过为什么瑞典人要重建这艘船呢？之前那艘船呢？”洋洋问道。

“很不幸那艘巨无霸就在即将到达哥德堡的时候，触礁沉船了，众多水手献出了自己宝贵的生命，大量中国运来的货物就此葬身大海。瑞典人曾多次打捞沉船，也捞到了不少宝物，甚至还打捞出来新鲜的茶叶。哥德堡号一直让瑞典人念念不忘，这曾经代表了他们民族的辉煌与荣耀，对于我们来说，哥德堡号也是瑞典与中国交往的历史见证。于是瑞典人耗时8年，重建了这艘巨船，所以我们才能看到照片上的一幕。”卡尔叔叔缓缓说道。

望着远处平静的海面，听着卡尔叔叔的讲述，洋洋和丫丫似乎看到了几百年前哥德堡号盛装出发，奔向东方的盛大场面，也好像看到了岸上居民满心欢喜期待哥德堡号归来，却看到其触礁沉船的情景。

“其实不光有陆上丝绸之路，海上丝绸之路也是古代我国和世界各个国家进行经济文化交流的重要途径，哥德堡号就是一个很好的证明啊。”卡尔叔叔感慨道。

哥德堡号上打捞上来的瓷器和茶叶

“是啊，难怪瑞典人看到重建的哥德堡号下水的时候那么开心，我想哥德堡号沿着丝绸之路航线来到广州的时候，中国人一定也是十分激动的。”洋洋说道。

“真是太可惜了，如果没有触礁，我们就可以看到哥德堡号上的丝绸宝藏了，可惜现在都沉到海底了。”丫丫略显失望地说道。

“即使没有沉没，丝绸宝藏在这艘船上的概率也不大，因为瑞典人从20世纪80年代开始进行了多次打捞，打捞上来的都是中国的丝绸、瓷器、茶叶等，都是丝绸之路上的常见热门商品。”卡尔叔叔说道。

“也就是说没有丝绸宝藏？”洋洋知道自己先前的猜测不对，失望地低下了头。

“其实我带你们来这里，是想让你们了解哥德堡号的历史，以及瑞典在海上丝绸之路的牵引下与我国结下的不解之缘。”卡尔叔叔给两个孩子打气，说道，“关于丝绸宝藏，大家也不要气馁，相信下一站，我们一定能找到宝藏的下落。”卡尔叔叔信心满满地望着远方，和两个孩子再一次踏上了寻宝之旅。

课后思考

1 斯德哥尔摩为何被称为“北方威尼斯”？

2 除了本文中说到的获得诺贝尔奖的人以外，请你查找相关资料，再列举三个诺贝尔奖获得者。

第九课　为童话而生：丹麦

卡尔叔叔带着孩子们继续沿着琥珀之路前行，来到丹麦。丹麦是一个北欧小国，其国土最南端比我国最北端的漠河还要靠北，但是这里寒冷却不失温情，美丽的丹麦是一个有温度的国家。

“丹麦是一个非常发达的国家，这里的公民收入都很高，政府也采取高税收、高福利的政策，所以丹麦人生活得很幸福。”卡尔叔叔向孩子们介绍说。

丹麦的城市都小巧精致，街道十分干净，街道上来来往往的出租车都是奔驰等高档车，可见这个国家经济水平之高。

“丹麦这么美丽，就是做一条狗狗都是幸福的呢。”丫丫瞧着身旁走过的几条宠物犬，开玩笑地说道。

“那可不一定哟。在丹麦，狗狗都是要纳税的呢。”卡尔叔叔马上说道。

“什么？”卡尔叔叔的话让丫丫和洋洋十分吃惊，“狗狗也要上税？那交多少税呢？大狗和小狗交的税一样吗？”

本来随口一句话没想到引来了孩子们这么多的问题，其实卡尔叔叔也不太清楚，只是听丹麦朋友说起过这件事：“据说是按照狗狗的高矮来纳税的，所以如果主人想要少交点税，就养那种矮矮的狗吧，哈哈。”

“不过我想，如果真的喜欢狗，多交点税也无所谓。”丫丫皱着眉头，自言自语地说道。

“不过卡尔叔叔为什么要带我们来丹麦呢？这和丝绸宝藏有什么关系吗？”

洋洋的话让卡尔叔叔突然想起了此行的目的，他马上拦下一辆出租车，带着孩子们前往郊区。

“在丹麦有一个一直困惑着人们的历史之谜，我想解开这个历史之谜，说不定就能解开丝绸宝藏之谜，不过，在这之前我们先去个地方，一个比历史之谜还要神奇的地方。”卡尔叔叔十分神秘地说道。

美若黎明

“据说丹麦是世界上最早发现琥珀的地方。”卡尔叔叔在车上向孩子们介绍此行的目的，“14 世纪的时候，几乎整个波罗的海沿岸国家都被丹麦统治着，我们所说的琥珀之路的起点据说就是丹麦的日德兰半岛。”

“所以我们这次来到了琥珀之路的源头？”洋洋问道。

“没错。”卡尔叔叔看了一眼窗外的景色，田野广阔，如一张温暖的毛毯铺满大地，不时掠过的风车好像在指引着这些来自远方的客人。

丹麦由大大小小的岛屿、半岛组成，但是交通非常方便，大约一个小时后，卡尔叔叔和孩子们来到了一个风景秀丽的小镇，不时从远方传来些许海浪拍打海岸的声音。海风很凉，但是孩子们被吹得精神抖擞，一路上蹦蹦跳跳，心情愉快。走着走着，周围的树木突然消失，前方出现了一面巨大的惨白惨白的断崖。

“吓死我了！”丫丫吓得往后退了两步，“卡尔叔叔，这里怎么会有悬崖呢？”

卡尔叔叔温柔地抚摸着丫丫的头，轻轻地说道：“不要怕，我的孩子，这就是我要带你们来的地方——白垩纪悬崖，悬崖下的海滩上可是有着数不清的琥珀化石呢。”

“什么？还要到悬崖下面去？我不去我不去……”丫丫更害怕了，急忙躲到了洋洋身后。

丹麦默恩岛

洋洋则成熟许多，“不用怕啦，丫丫，你看那里，有台阶可以走呢。”丫丫顺着洋洋指的方向望去，情绪稍微稳定了一些。

“这里是丹麦的默恩岛，也被称为梦岛，这个白色的断崖可是这里的标志性景点呢。”卡尔叔叔带着孩子们小心翼翼地沿着台阶往下走。

三人走过数百级的台阶，来到了布满海藻和乱石的海滩，远处山崖上的树木依稀可见。

“千年以前的人们，就是像我们现在这样在这片海滩上寻找琥珀的。”卡尔叔叔说道。

“卡尔叔叔，这里石头和海藻这么多，丹麦人是怎么寻找琥珀的呢？”洋洋扭头问道。

“过去丹麦有专门从事采集琥珀的人，他们就像中国的采药师傅一样，知道什么时候在哪里容易找到品相好的琥珀。在一场狂风暴雨之后，大海重归平静，他们把自己打扮成渔夫模样，腰上别着一个篮子，用一种专门来捞琥珀的网，在大海边上寻找琥珀。”卡尔叔叔一边说着一边做出捕捞的动作。

丫丫在一旁被卡尔叔叔的动作逗得哈哈大笑：“您这样捕捞琥珀，是永远也捞不上来的，哈哈。”

卡尔叔叔沮丧地垂下头，无奈地承认：“唉，我本来就不专业嘛。看来我们在海边是找不到宝藏了。”

三人沿着台阶返回，熟悉的景象重新回到视野中。道路两旁树木林立，阳光透过枝丫投向大地，留下一片片斑驳的树影，远处一望无垠的麦田中，一座尖顶的村舍安静地守望着，一派安然祥和的田园景象。在梦岛上，卡尔叔叔和孩子们还发现了一个小茅屋。据当地人说，安徒生就是在这里写了《卖火柴的小女孩》和《火绒箱》两部童话。

知识链接

安徒生，1805年4月出生在丹麦奥登塞市的贫民区，父亲是一名鞋匠。安徒生一生未婚，在生活的磨难中开始学习写作，一生共创作160多篇充满想象、引人入胜的童话故事，著名作品有《卖火柴的小女孩》《丑小鸭》《海的女儿》《皇帝的新装》等。在丹麦首都哥本哈根市政厅广场上，树立有一尊安徒生的铜像，以此来纪念这位伟大的文学家。

哥本哈根市政厅广场上的安徒生铜像

“安徒生在丹麦人心目中地位很高，他笔下的人物，很多都成了丹麦的明信片。”卡尔叔叔介绍道，“也许就是在这鸟语花香、安静祥和的地方，安徒生才能创作出那么多美丽的故事吧。”

从小就读过安徒生童话故事的丫丫和洋洋对安徒生肃然起敬，对卡尔叔叔所说的也非常赞同。他们在路边买了一束鲜花放在安徒生的茅屋前，表达从万里之外而来的读者的敬意。

返回的路上，卡尔叔叔暗自思索：“虽说梦岛风景秀丽，但是琥珀化石真的不多，看来要见识真正的琥珀还要去那里才行。”卡尔叔叔刚想把自己的想法分享给旁边的洋洋和丫丫，扭头一看两个孩子已经互相依偎着睡着了。卡尔叔叔微微一笑，把两个孩子搂在怀中，自言自语道：“好好休息吧，孩子们，接下来，还有更多的惊喜等着我们呢！”

琥珀屋传奇

哥本哈根

汽车奔驰在丹麦的公路上，路旁的风景从乡村景观变成了城市景观，他们来到了丹麦的首都哥本哈根。

哥本哈根有着悠久的历史，12世纪的时候就开始发展，如今已经是丹麦最大的城市。然而城市面貌却变化不大，许多街道和道路虽然已经有两三百年的历史了，却仍然保持原貌。有的丹麦人说，如果安徒生现在复活，还能够在哥本哈根找到当年自己写作的地方，丹麦人讲究人与自然和谐相处，路旁的房子不那么气派，红砖绿瓦与远方的碧水蓝天交相辉映，可见丹麦人对传统和自然的爱护。

知识链接

美人鱼铜像。它是丹麦雕塑家爱德华·埃里克森1912年根据安徒生1837年创作的童话《海的女儿》中女主角的形象，用青铜铸造的。小美人鱼是海王最小的女儿，一位王子乘船发生事故，小美人鱼救了王子，并且爱上了他。但是王子已经有婚约在身，不得不离开了她。痴情的小美人鱼就坐在海边的岩石上，日复一日地望着远方，等待着王子的归来。这尊铜像有5.3英尺，如真人一般大小，现在已经成为丹麦的象征。

美人鱼铜像

汽车停靠在了哥本哈根的码头，卡尔叔叔和孩子们下车后，惊扰到了一群海鸟和鸽子，它们从港口广场上一同飞起，发出扑簌扑簌的声音。不过，短暂盘旋之后，它们又飞回原地，因为广场上总是有源源不断的游客来给它们喂食。

“丹麦人非常喜欢鸟，他们和鸟和谐相处，甚至从来不吃鸟，把喂鸟当作是一种时尚。”卡尔叔叔看着眼前和谐的一幕说道。

两个孩子早已激动地跑到广场上的鸟群中去了，有意思的是，这些鸟对人类毫不畏惧，甚至还调皮地围绕在丫丫和洋洋身边，这样一派鸟与人相互拥抱的场景在其他地方可不多见。

离开广场，三个人绕过一条街道的拐角，来到了一座白色建筑物的面前。这里位于十字路口，人来人往，经过的游客大多扭头向这座建筑物里面望去。它有三层高，通体雪白，在阳光下显得十分耀眼。两个橱窗中间是一个小门，门虽小，却是店铺的正门，上方用英语写着“哥本哈根琥珀博物馆及商店”。

“这里就是丹麦琥珀博物馆了，没想到大名鼎鼎的博物馆入口却如此小巧。”卡尔叔叔感叹道。

三人迈上台阶，走了进去。这家丹麦琥珀博物馆就像中国的老字号店铺一样，收藏有各种精美绝伦的琥珀宝物，那些沉睡在琥珀化石中的蚊蝇、蚂蚁等小昆虫和各种植物，让卡尔叔叔和孩子们大开眼界。这家博物馆除了收藏有各种琥珀化石外，还以琥珀工艺品加工闻名于世，据博物馆工作人员介绍，这家琥珀博物馆的标准是相当高的，全世界只有不到20%的琥珀原料有资格在这里继续加工。卡尔叔叔和孩子们看到的用琥珀制作的汽车、海船等工艺品都十分精美，堪称珍宝。

“最后让你们见识一下我们博物馆的镇馆之宝。”工作人员骄傲地说道。

所谓的镇馆之宝是一个巨大的琥珀化石，标签显示重达8千克。看到卡尔叔叔和孩子们吃惊的表情，工作人员继续说道：“不过它还不是世界上现存最大的琥珀。”

“8千克还不是最大的，难道还有比它大的？”洋洋诧异地问道。

“听我说完嘛，目前在伦敦的自然博物馆里有一个重达15.25千克的巨型琥珀，是全世界最大的琥珀。不过我们这块曾经也超过10千克喏，只不过由一位丹麦捕捉龙虾的渔夫打捞上来后，在搬运过程中碰掉了一块，只剩下现在

琥珀工艺品

的8千克了，但仍然是我们博物馆的镇馆之宝。”工作人员得意地说道。

参观完丹麦琥珀博物馆，卡尔叔叔和孩子们来到港口广场，夜色已晚，华灯初上，哥本哈根在闪闪烁烁的灯光映衬下更加富有魅力。

“卡尔叔叔，琥珀虽美，但我们还是没有找到丝绸宝藏。那个历史之谜，又是什么，您还没有说。”丫丫面露失落之色。

卡尔叔叔以手托腮，皱着眉头说。“这家琥珀博物馆虽然藏品丰富，可是大多为现代艺术加工品，我们要解开丹麦的历史之谜，寻找失踪千年的丝绸宝藏，恐怕还得去别的地方。”

“或者，我们可以去大海的尽头看一看。”洋洋的眼睛盯着天海一线的地方说道。

“洋洋说的有道理，人越少的地方，自然环境保护得越好，也许就能发现丝绸宝藏的线索呢。”卡尔叔叔赞同地说道。

已经在欧洲游历许久的卡尔叔叔和两个孩子，在哥本哈根稍作停留，就再一次出发了，这一次他们能否找到宝藏的最终下落呢？

课后思考

1 安徒生的作品有《卖火柴的小女孩》《丑小鸭》《海的女儿》《皇帝的新装》等，选择一篇阅读并与同学分享。

2 丹麦人保护鸟类，热爱自然。说一说你平时都是如何保护环境的。

结语 “视线所窥，永是东方”

“今天我们要去丹麦的天涯海角，琥珀之路已经走到终点，丝绸宝藏也该现身了。”

卡尔叔叔口中的天涯海角是丹麦的最北端——斯卡恩。这里位于两海交汇处，登高望远可以欣赏到两种不同颜色的海水交融的神奇景象，一边是波涛汹涌，一边则是平静温和，截然对立的两种现象在这里和谐共存。许多游客和艺术家在这里徘徊，感悟大自然的广阔和包容。

斯卡恩两海交汇处

卡尔叔叔和孩子们一边感受大自然的神奇美景，一边找寻着周围和宝藏有关的蛛丝马迹。

沙滩上不少画家在写生创作，将眼前的景象记录在画板之上。而一位老者却与众不同，他满脸胡须，遮盖得看不清他的表情，他闭目养神，面前的画板洁白一片。

过了好久，他才慢慢提起笔写下：

兰陵美酒郁金香，
玉碗盛来琥珀光。
但使主人能醉客，
不知何处是他乡。

这位东方的老人提笔写下了一首中国唐代诗人李白的诗。丫丫和洋洋不知所云，而卡尔叔叔却若有所思。他上前恭敬地问道：“可否请您指教一二，面对美景，您为何写下这样的诗句。”

“丹麦以琥珀闻名，从古至今，多少人为了找寻最精美的琥珀，费尽千辛万苦，大多数人都是被泛着琥珀之光的幻影所迷惑，更有甚者还葬身在这波涛万顷之中。做人，还是要知足常乐。”老人说话很慢，好像一个字一个字都钻进了听众的心里。

老人看了一眼卡尔叔叔，收起画板起身离开，想必他说的话卡尔叔叔已经明白了。看着老人渐行渐远的背影，卡尔叔叔坚定地点了点头。

“卡尔叔叔，我们还去寻找宝藏吗？”一旁的丫丫和洋洋还在云里雾里。

“不必了，孩子们，我们来欧洲这么长时间了，你们肯定都想家了。”

“什么？难道我们要回去了？”

“不行不行，我一定要找到丝绸宝藏再回家。”

卡尔叔叔的话遭到了丫丫和洋洋的一致反对。

“孩子们，听我说，你们不想知道那个神奇的历史之谜是什么吗？”卡尔叔叔这话一出，丫丫和洋洋立马安静下来。

“在很久以前，欧洲有一个国王十分奢侈，用精美的琥珀建造了一座炫彩夺目的房屋，这些琥珀重达六吨，价值比当时的黄金还要高12倍，真可算是穷奢极欲了。后来这座价值连城的‘琥珀屋’因为战争突然消失了，仿佛人间蒸发，人们至今还未找到这座琥珀屋的下落。”

“琥珀屋的经历跟我们的丝绸宝藏好像啊。”洋洋说道。

“没错，孩子们，无论是丝绸宝藏还是琥珀屋，都是历史上的绝世珍宝，惹得不计其数的人们为之疯狂，但是最终没有一个人能真正得知它们的下落。

我们也应该知足常乐，不能把所有精力都放在寻找一个历史之谜上面。”卡尔叔叔耐心地教导着两个孩子。

“那这样的话我们来欧洲这么长时间的辛苦不白费了吗？”丫丫略显失望。

“当然不是啊，丫丫，你想想，我们从温暖舒适的南欧，到热闹非凡的西欧；从历史悠久的中欧，到风景优美的北欧，这一路上我们看到了多少美景，学习了多少知识呢,这些都是我们人生历程中的珍宝啊。有时候过程比结果更重要。”卡尔叔叔带领孩子们回顾了这一路上的经历。

“孩子们,我希望你们知道一句话:‘视线所窥,永是东方。’这是德国大文豪、大思想家歌德曾说的一句话，因为他那个年代的人们对东方中国文化非常痴迷，因此他们的眼中永远都是对东方古老文明的向往。我们古代开辟丝绸之路，也是为了和西方国家相互交流，加强联系。然而在刚开始的阶段，有谁会知道最终的结果是怎样的呢？我们就像歌德一样，对异域文化充满向往；我们就像丝绸之路开辟中的商人一样，用自己的脚步开拓未知的一切。孩子们，我们应该对自己的所作所为感到自豪才对啊。”

卡尔叔叔语重心长的话让丫丫和洋洋非常受益，也许他们还不能明白卡尔叔叔说的全部内容，但是他们知道了过程比结果更重要，知道了知足常乐的道理，知道了丝绸之路相关的各种知识，他们这一次行程收获重大！

卡尔叔叔和孩子们带着满满的收获启程回国了，欧洲之行结束了，我们期待他们的下一次探险。

责任编辑 / 曲衍立

老师推荐

丁当的驼铃，鼓满的风帆，漫漫丝绸路，连接了朵朵文明之花。在这本书中，我们的主人公，将带着你一起去探访与丝路有关的国家，在古今交融中，体验一场别开生面的丝路之旅。快和我们的主人公一起出发吧！

ISBN 978-7-5104-6175-0

定价：13.50 元